Alphonse Esquiros

Maladies de l'esprit

Essai

ISBN : 978-1542775328

10 9 8 7 6 5 4 3 2 1

Alphonse Esquiros

Maladies de l'esprit

Essai

Table de Matières

DE L'HALLUCINATION ET DES HALLUCINES

I. – DMÉMOIRE SUR LES FAUSSES SENSATIONS

Quand on entre pour la première fois dans un établissement d'aliénés, on se croit le jouet d'un rêve pénible : une pitié douloureuse, un effroi glacial vous oppressent. La raison doute d'elle-même et ne trouve plus sa route dans ce monde nouveau dont toutes les images sont bouleversées. Les aliénés ne ressemblent pas aux infirmes qu'on rencontre dans les autres établissements, et chez lesquels le corps languit : ici c'est l'hôpital de l'âme. Regardez autour de vous : dans ces créatures effacées, l'ombre de l'homme, souvent même celle de l'animal, se montre à peine. La figure du monde est voilée pour elles ; les éléments de l'intelligence sont rentrés dans le chaos. Est-il une douleur égale à cette douleur infinie ? Nous sommes ici dans la cité lamentable. L'esprit a précédé ces êtres humains dans la mort ; ils existent, et ils ne vivent déjà plus. Le médecin passe, il parle d'eux devant eux, et ces malades l'écoutent sans le comprendre. Quelquefois la vanité accourt à sa rencontre et se drape coquettement dans quelques haillons pour attirer des regards qui se détournent tristement. Souvent encore ce sont chez les femmes, les plus chastes vertus de leur sexe qui succombent dans une lutte douloureuse avec le délire. On les voit affecter des poses et des gestes cyniques. Ces actes, dont la volonté est absente, sont parfois accompagnés des rougeurs pénibles de la honte. Que faire à de semblables maux ? Le médecin assiste dans le plus grand nombre des cas, témoin triste et impuissant, à un désordre qu'il n'est point au pouvoir de l'homme de réparer. Le penseur trouve un attrait mêlé d'amertume dans la contemplation de ces infirmités morales que la main de Dieu semble couvrir à dessein d'un voile impénétrable. Une curiosité inquiète et grave, unie à une compassion immense, nous entraîne comme malgré nous sur le bord de cet abîme où s'agitent toutes les calamités de l'esprit, et d'où sortent des accents de colère, des plaintes et des gémissements.

De tous les phénomènes de la folie, si sombre et si impénétrable elle-même, le plus mystérieux est encore l'hallucinaton. Un homme voit tout à-coup ce que les autres hommes ne voient pas, il entend ce qu'ils n'entendent pas, il touche ce que leur main ne saurait toucher. Dans cet état de choses, le monde réel est renversé. Jouet de ses sensations maladives, l'halluciné assiste à une existence qui n'est plus qu'une fable. Séquestré le plus souvent dans un établissement d'aliénés, il peuple cette solitude des fantômes de son délire. Autour de lui, les idées s'animent, prennent une forme ; des images dont l'existence est si vivement accusée à ses yeux, qu'elles masquent la présence de tous les objets réels, se montrent à son cerveau ébloui. Certes, une telle calamité mérite qu'on s'y arrête et qu'on l'envisage sérieusement. Ce n'est pas seulement la médecine, c'est la psychologie qui est intéressée à bien connaître ce phénomène, et les deux points de vue se touchent ici de trop près pour qu'il soit possible de les séparer. L'halluciné se montre aux yeux du moraliste ce qu'il est aux yeux du médecin, un malade sans doute, mais un malade d'un ordre supérieur, chez lequel le trouble des fonctions vitales s'élève directement jusqu'à l'âme. Le jour où la philosophie descendra avec son flambeau dans l'étude des affections mentales, elle rencontrera une ample matière à observations nouvelles. Comme dans une ville détruite on découvre çà et là des monuments qui portent l'empreinte du génie de la nation éteinte, ainsi dans ces grands ravages de la folie on retrouve partout sur les ruines de nos facultés la trace du principe immortel qui les animait.

De toutes les formes du délire, l'hallucination est peut-être celle qui, à notre avis, dévoile le mieux, par le trouble même des sensations, le principe moral de notre nature. L'halluciné communique avec des esprits ; il parle, si l'on ose ainsi dire, avec ses idées ; il habite un monde invisible où il transporte souvent toutes ses affections. L'excès d'une faculté quelconque prouve du moins l'existence de cette faculté. Quand le sévère Broussais, entraîné, vers les derniers temps de sa vie, à la doctrine de Gall, rencontrait sur le cerveau de l'homme l'organe de la *surnaturalité*, il s'étonnait ; la pensée du grand chef d'école, si souvent entachée de matérialisme, se demandait comment la nature avait pu mettre en nous une fonction sans usage, ou qui ne s'exerçait que sur des chimères. Sous ce rapport du moins il avait raison de s'étonner. Que serait une faculté sans objet, et comment le prévoyant auteur des choses aurait-il mis dans la tête de l'homme une force qui ne répondrait à rien ? C'est assurer notre âme de l'existence d'un monde invisible, que de lui en donner l'idée et de lui en faire sentir le besoin.

Plusieurs travaux récents témoignent de l'importance qu'attache de nos jours la science médicale à l'étude des hallucinations. L'examen de ces travaux nous permettra de préciser l'état actuel de nos connaissances sur quelques points relatifs à ces affections mystérieuses ; nous serons par-là mieux préparé à considérer ce phénomène en lui-même, dans ses causes, dans ses formes, dans ses rapports avec l'histoire et avec la législation, dans ses changements climatériques, enfin dans la résistance qu'il oppose aux divers traitements.

Les hallucinations sont aussi anciennes que le genre humain ; mais voici à peine un demi-siècle qu'elles sont entrées dans la science. Rattachées à diverses causes surnaturelles, attribuées ici an principe du bien et là au principe du mal, elles ont rencontré des fortunes très diverses. Dans le premier cas, elles se trouvaient encouragées, honorées, consultées : dans le second, elles étaient réputées criminelles et encouraient toute la sévérité des lois. Au moyen-âge, ces phénomènes étaient rapportés tantôt à Dieu et tantôt au diable, quelque fois même à l'un et à l'autre, suivant les juges, les évènements et les lieux : témoin Jeanne d'Arc, inspirée en-deçà du détroit, sorcière au-delà. La théologie avait partout devancé la médecine dans la connaissance des faits ; les procès-verbaux des cours de justice et les ouvrages des anciens casuistes contiennent des exemples d'hallucination fort bien décrits : on n'errait alors que sur l'interprétation des causes. En vain la médecine essayait-elle quelquefois de réclamer au nom des lumières. Comme les faits n'avaient pas encore été transportés sur leur véritable terrain ; le sol de la discussion tremblait à chaque pas. La théologie avait d'ailleurs entre les mains un dernier argument devant lequel la raison humaine se taisait : ce dernier argument était le bûcher. Tous les faits existaient, mais le lien qui devait les réunir à la science n'était pas encore trouvé. Il fallait, pour amener ce résultat, une révolution dans les idées. Le mouvement philosophique du dernier siècle, en renversant les barrières d'un monde surnaturel, remit la médecine en possession de son domaine. Disciple et continuateur du fameux

Alphonse Esquiros

Pinel, qui avait si largement ouvert la route, M. Esquirol est le premier qui ait nommé, décrit et analysé l'hallucination comme un des éléments de la folie.[1]

Ce médecin célèbre s'avança timidement sur le nouveau théâtre de ses propres observations. Sans méconnaître la présence des hallucinations dans un grand nombre de maladies mentales, il ne sépara pas toujours assez nettement ce phénomène des autres éléments du délire, et ne lui attribua qu'une part trop faible dans les actes des aliénés. En veut-on un exemple ? Lorsque M. Foville succéda dernièrement à M. Esquirol dans le service de la maison royale de Charenton, il trouva chez les malades classés par son illustre devancier un nombre prodigieux de monomanes et très peu d'hallucinés. Or, à peine M. Foville eut-il appliqué dans cet établissement son contrôle aux différents cas de folie, que le nombre des monomanes diminua sensiblement ; ils ont aujourd'hui presque entièrement disparu, et le nombre des hallucinés a augmenté dans la proportion inverse. Ce désaccord entre deux hommes si considérables dans la science mérite une explication. M. Esquirol, quoique adversaire constant et amer de la doctrine de Gall, se laissa entraîner comme malgré lui aux idées du physiologiste allemand quand il admit toute une classe de délires agissant sur une seule faculté. On connaît la doctrine de l'homme que nous venons de citer. Le docteur Gall posa son doigt sur le cerveau et osa dire, après d'autres il est vrai, mais avec une force de conviction nouvelle : Ici l'on pense ! S'il se fût arrêté à cette proposition générale ; il eût rencontré peu de contradicteurs, mais il eût aussi peu remué la science. Gall s'avança plus loin : il traça sur le cerveau vingt-sept départements dans lesquels il localisa les principales facultés de l'homme. M. Esquirol combattit la prétention de Gall à reconnaître sur le cerveau l'empreinte de nos dispositions morales ; mais il fléchit, à son insu, sous les idées dominantes de son adversaire, quand il conçut l'existence des monomanies. Une folie, circonscrite de manière à n'affecter qu'une faculté unique, suppose en effet dans le cerveau la présence de forces distinctes, solitaires, indépendantes les unes des autres. C'est cependant sur cette base, empruntée à la théorie de Gall, que M. Esquirol établit les impulsions soudaines de certains aliénés à

---

1 Mémoires publiés en 1817 et en 1832.

détruire leurs semblables ou à se détruire eux-mêmes. Dans cette manière de voir, il se croyait en outre appuyé sur des faits. Tel homme a tué, sans provocation, sans cause connue, sans intérêt aucun : monomane suicide ! Tel autre a incendié sa maison ou celle de son voisin, sans motif : pyromane ! Ces autres insensés ont voulu commettre des viols, des incestes : monomanes érotiques ! C'est ainsi que M. Esquirol classait ses cas de folie sur les actes et sur les manifestations superficielles des aliénés.

Les mêmes faits, plus sévèrement analysés, ne donnèrent point à M. le docteur Foville les mêmes résultats. Il découvrit que les actes des aliénés, rapportés par M. Esquirol à une certaine disposition du délire, reconnaissaient le plus souvent une autre cause, un autre mobile, l'hallucination. Cet homme s'est tué, d'accord ; mais était-ce pour obéir à une impulsion aveugle ou pour se soustraire au supplice de ses sensations faussées par la maladie ? M. Foville ne tarda pas à rencontrer une sensation fausse derrière la plupart de ces actes extraordinaires, que, dans l'ignorance de toute autre cause, on avait attribués à une force secrète de la nature. En voici un exemple récent : M…, d'un esprit distingué, employé dans une administration du gouvernement, se présente chez un de ses chefs, et lui tire à bout portant deux coups de pistolet ; il essaie ensuite de se détruire par le même moyen. Toutes ces balles manquent heureusement le but que la main leur marquait. Si cet homme fût tombé dans le service, de M. Esquirol, son arrêt était dicté d'avance : monomane homicide ! En remontant vers l'origine de la maladie, on arrive pourtant à un autre motif de détermination que le besoin de tuer. M… commence par sentir ses aliments empoisonnés. L'esprit travaille sur cette sensation, et les actes de la vie s'y conforme cet homme évite les tables d'hôte, se nourrit à l'écart d'aliments préparés par ses mains. Bientôt, comme la fausse sensation continue, il porte plus loin ses précautions ; il fait traire devant ses yeux le lait qu'il doit boire, ne mange presque plus que des fruits, et encore rejette ceux dont la peau est entamée. Voilà un homme particulier, bizarre ; nul n'ose encore dire : Voilà un fou. Comme tous les pays lui sont insupportables, il demande à changer continuellement de résidence, sans jamais s'en trouver mieux. Le mal n'était pas, en effet, dans tel ou tel pays ; il était dans le sens dépravé de ce malheureux, qui trouvait partout le goût du poison. M… s'était figuré plusieurs fois M. D…, son chef, comme l'auteur des attentats qui le suivaient de ville en ville. Il résiste durant deux années ; enfin, vaincu par les traitements intolérables de son persécuteur, il se détermine à se faire justice. Il n'y a point ici de force interne de destruction en mouvement ; il y a une erreur des sens qui entraîne la volonté.

M. Foville n'eut pas de peine à recueillir un grand nombre de faits analogues. Dès-lors il fallut reconnaître l'importance des hallucinations et l'influence qu'elles exercent sur les déterminations du délire. Le phénomène, mieux compris, fut aussi mieux étudié. A côté des travaux du médecin en chef de Charenton, nous devons citer les ouvrages sur les maladies mentales de MM. Falret, Voisin et Lélut, où l'on trouve des faits intéressants d'hallucination liés aux différents genres de folie. Une nouvelle direction morale s'est dernièrement révélée sur le terrain de la médecine des aliénés ; à la tête de cette direction éminemment spiritualiste se place un homme remarquable, M. Leuret. Cet habile psychologue a traité de l'hallucination dans ses ouvrages sur la folie ; mais jusqu'au dernier livre de M. Brierre de Boismont, on n'avait pas isolé ce phénomène des autres symptômes du délire. C'est une tentative qui mérite d'être discutée. M. Brierre de Boismont est un partisan déclaré de la doctrine qui, en médecine comme en philosophie, nous parait devoir porter le nom de spiritualisme. En étudiant les causes, les formes et le rôle historique de l'hallucination, nous rencontrerons sur notre route les travaux de ces divers médecins. M. Leuret nous représentera dans cet examen le côté raisonnable et modéré des doctrines spiritualistes ; M. Brierre nous en montrera quelquefois les exagérations et les écarts.

II. – DES PRELUDES ET DES CAUSES DE L'HALLUCINATION

Les médecins physiologistes n'avaient point assez cherché, à notre avis, les racines de la folie dans l'état normal de l'homme. Pour nous en tenir ici à l'hallucination, il n'est pas douteux que l'analogue de ce phénomène existe dans l'état de raison, qu'il se manifeste journellement et qu'il forme même un des charmes de notre nature. Tout le monde sait que le cerveau renouvelle la présence des objets absents par l'image de ces objets. Il y a certaines circonstances qui favorisent le réveil de nos impressions anciennes, telles que la solitude, les ténèbres, la promenade. Nous retrouvons ce phénomène très marqué chez les poètes et les artistes. La nature portait sur les sens de Jean- Jacques Rousseau un enivrement qui se communiquait à l'âme ; ce n'étaient. bientôt plus les arbres, les ruisseaux, les rochers de l'Hermitage qu'il voyait, mais Saint-Preux, mais Sophie, et les autres figures de son invention.[1] Le plaisir que l'âme trouve dans l'exercice de cette faculté l'excite à en faire souvent usage. En imaginant de la sorte, nous ajoutons de la durée aux choses qui nous plaisent et qui ne sont plus. Ces fantômes de notre mémoire acquièrent une vie artificielle ; nous les arrangeons à notre manière et nous leur donnons dans nos rêves ce qui leur manquait autrefois pour nous séduire. Par une autre disposition familière à notre esprit, nous détachons de l'ensemble des grands objets certaines empreintes qui se fixent isolément dans le cerveau et qui servent à nous reproduire le tout. C'est ainsi que nous nous représentons une ville par un monument, une circonstance de la vie par un des détails accessoires qui s'y rattachent, une idée par le signe qu'elle a marqué dans notre mémoire. L'imagination est de la sorte une perpétuelle faiseuse d'hiéroglyphes. Si maintenant nous rapprochons ces actes ordinaires du cerveau des hallucinations propres à l'état de folie, nous trouverons que ces dernières diffèrent seulement par l'excès et par l'intensité du phénomène. Tandis que dans l'état de raison l'image conserve rarement la vivacité de l'original, le cerveau en délire donne au contraire à ses peintures une force plus grande que celle de la réalité même. La faculté de créer, la plus sublime de toutes, puisqu'elle nous égale en quelque manière à l'auteur des êtres, l'emporte tout à coup sur celle de percevoir, et s'égare si bien dans ses intempérances, que, pour avoir voulu rivaliser avec Dieu les hallucinés ne sont même plus des hommes.

Entre ces deux états nettement dessinés, il existe une condition intermédiaire qui marque comme le passage de l'un à l'autre En toutes choses, la question des limites est extrêmement délicate. Cette ligne, qui sépare l'état de raison de l'état de folie, oscille

---

1   *Confessions*, liv. IX.

Alphonse Esquiros

surtout quand elle touche le terrain des hallucinations. Ici tout s'agite, tout se confond, mais dans cette confusion même nous allons surprendre le lien fragile qui unit le phénomène sain au phénomène troublé. C'est surtout au début de la folie que se manifestent ces hallucinations mixtes qui sont comme les avant-coureurs du délire. L'esprit a encore la conscience que ce qu'il voit, ce qu'il entend, ce qu'il croit toucher n'existe point ; ces images qui le poursuivent et qui le tourmentent, il le sait filles de son cerveau malade. Dans certains cas, rares il est vrai, la folie s'arrête à cette limite décisive. L'halluciné sait qu'il a des visions, il n'a point la force de s'en délivrer ; mais il conserve encore assez de liberté pour ne point leur subordonner ses actions. S'il franchit ce pas, il est perdu. Ces existences qui se passent dans une sorte de clair-obscur, entre l'état de raison et l'état de folie, défient en quelque sorte la pénétration de l'observateur. De tels esprits obsédés rougissent eux-mêmes du sujet qui les agite, et le voilent autant qu'ils peuvent. Cet état de lutte entre l'esprit, encore assez libre, et l'hallucination, qui cherche à le posséder, a un équivalent dans les dernières crises qui amènent la solution de la folie.

M. Leuret nous racontait dernièrement un cas physiologique qui nous semble se rapporter à notre sujet. Cet habile médecin avait donné ses soins à un homme du monde, d'un esprit cultivé, mais dont les facultés avaient fait naufrage. Le docteur l'exhorta vivement à réunir toutes les forces qui lui restaient afin de dominer le délire. Il lui proposa de l'assister dans ce pénible effort. Le pauvre insensé eut des retours et des rechutes nombreuses. Le médecin fut contraint de lui enlever pour ainsi dire pièce à pièce toutes les imaginations du délire. A force de déchirements et de combats ; le malheureux finit par se séparer entièrement de la partie aliénée de sa nature : « J'ai encore mes visions, disait-il au docteur, mais je ne m'y arrête plus ; je ne les crois plus. » Cet homme était encore malade, il n'était plus fou.

La science ne nous semble pas avoir encore nettement défini cet état flottant. M. Brierre de Boismont établit bien dans son livre une différence entre les hallucinations compatibles avec la raison et celles qui se trouvent liées à l'une des formes du délire ; mais nous croyons qu'il n'a tiré une ligne assez nette entre la faculté que nous avons tous de nous figurer les objets absents et le point où cette faculté dégénère en un excès morbide. Plus les nuances sont délicates, plus il importe de les fixer. On n'est point fou pour se représenter des images ; mais le jour où ces peintures du cerveau troublent les facultés de l'esprit au point de se montrer seules, immobiles, inséparables de notre nature, le jour où ces sensations animées se détachent de notre *moi* pour revêtir une forme, une existence étrangère, ce jour-là l'hallucination se déclare. La ligne de démarcation nous semble donc toute tracée. Comme nos autres facultés, celle qui dirige notre imagination et, pour ainsi dire, notre vue sur des objets absents, porte en elle-même le germe de son désordre. Ce désordre commence où la liberté finit. Dès qu'il y a perte du sentiment du moi au point de confondre l'être qui se figure avec l'objet figuré et de prendre alternativement l'un pour l'autre, il existe sans aucun doute une altération grave. M. Brierre ne se montre point du tout décidé sur cette question, qui domine ici toutes les autres ; aussi a-t-il écrit un gros volume sans dire si l'hallucination est oui ou non une maladie. Tantôt c'est à ses yeux un phénomène *presque* normal, tantôt c'est une *erreur* de l'esprit humain, qui paie ainsi le tribut aux croyances de son siècle. Nous répondrons que d'abord un phénomène est normal ou il ne l'est pas. En second lieu, il y a dans l'hallucination plus qu'une erreur de l'esprit, il y a un fait. Les hallucinés ne *croient* pas seulement sentir ; ils sentent en effet, et d'une manière si vive, que le raisonnement échoue contre cette impression. Aussi le premier signe de leur convalescence se montre-t-il dans le changement de cette formule positive : « Je vois ; on me dit ; » en cette autre bien différente : « J'ai cru voir ; il m'a semblé entendre » Là est la limite.

De même qu'il existe des idées qui se font sensations, il existe des sensations qui se font idées. Dans le premier cas, il y a hallucination, et dans le second cas illusion.

Ce que nous venons de dire des préludes de l'hallucination s'applique aussi bien au phénomène de l'illusion, qui en est ordinairement le satellite. Les sens ne suffisent pas, comme nous l'avons vu, à juger des dispositions qu'ils marquent dans les objets ; il faut que le cerveau intervienne pour recevoir et pour corriger au besoin le témoignage des sens. Voilà l'état sain. Il arrive pourtant tous les jours que l'attrait de sentir et de transformer la sensation l'emporte en nous sur le jugement sans qu'il y ait pour cela perte de la liberté. L'enfant ne donne-t-il pas à ses jouets de la vie, des instincts et des volontés ? Les peuples anciens, qui sont les enfants des âges historiques, ne changent-ils point continuellement les objets inanimés, arbres, nuages, fontaines, en des figures d'hommes et de femmes ? Cette faculté diminue chez l'enfant et chez les nations avec les progrès de l'âge ; mais elle demeure très active chez certaines natures. C'est elle qui colore sans cesse nos sensations avec nos souvenirs, nos sentiments ou nos idées. Seulement, chez l'homme sain, il y a contre-épreuve et répression à l'instant même de la sensation fausse, tandis que chez l'illusionné c'est l'erreur qui l'emporte, qui domine et qui se fait maîtresse de l'intelligence.

Les causes des erreurs de la sensibilité sont si nombreuses, si variées, qu'il est impossible de les prévoir toutes et de les renfermer dans un cercle. Durant les siècles où ces phénomènes se liaient au mouvement général de la société, il était plus facile de remonter à l'origine du désordre. Aujourd'hui, c'est dans les lectures et les occupations d'un individu qu'on retrouve les matériaux de ses visions. J. Brierre assigne pour cause générale aux hallucinations la chute originelle de l'homme, qui lui a fait perdre la connaissance de Dieu et de soi-même. En vérité, c'est remonter beaucoup trop loin ; laissons ces origines nuageuses, que la physiologie sérieuse repousse, et contentons-nous de regarder la folie comme inséparable de nos facultés dans l'état actuel des choses. Les facultés morales les plus élevées sont également les plus délicates, celles dont les fonctions se troublent et se dérangent le plus aisément. Il en est de même à peu près dans l'ordre physique : c'est l'organe de la vue qui se montre plus sujet que d'autres à des défaillances.

Nous croyons pouvoir diviser les causes de l'hallucination en deux ordres, les causes extérieures et les causes intérieures.

Les premières sont innombrables, elles comprennent tous les objets sensibles qui frappent l'imagination et qui, à un moment donné, deviennent, sous une forme ou sous une autre, les instruments du délire. Les secondes, les causes intérieures ; résident dans nos sentiments, dans nos idées, dans notre caractère. L'influence du moral sur le physique, comme cause dominante des hallucinations et des illusions, quoique niée par plusieurs médecins, nous parait manifeste. N'y a-t-il pas des jours où, sous l'empire de nos dispositions morales, les objets changent, pour ainsi dire, de forme à nos yeux ? Quand nous sommes occupés d'une idée triste, nous donnons à toute la nature la figure de notre tristesse. Ce ne sont ni les arbres, ni les fleurs, ni les paysages, qui ont changé ; c'est la partie morale de notre être qui se trouve affectée, et cette partie morale affectée répand sur les sensations une sorte de voile qui obscurcit tout autour de nous. Le langage vulgaire a consacré cet état de l'âme dans une formule naïve : on dit voir tout en noir. Il existe en effet dans le cerveau, et selon nous plus haut que le cerveau, dans l'âme de l'homme, une sorte de principe colorant de ses sensations, qui modifie par elles le monde extérieur.

La mélancolie nous prédispose sans aucun doute à l'illusion, Car elle tend sans cesse à dénaturer la forme du monde réel. Quand l'âme est triste, elle donne à tous les objets extérieurs un sens tiré de ses rêveries. Alors le moindre bruit nous trouble et nous inquiète. Nous cherchons partout notre destinée écrite sur la figure des arbres, des nuages, des étoiles. Ces illusions commencées finissent, dans l'état sain, avec la cause qui les a fait naître. Il n'en est pas de même pour le malade visionnaire. Un homme qui remplissait dans la société des fonctions graves n'aperçoit bientôt plus autour de lui que des signes et des présages. Rencontre-t-il sur son chemin un tas de pierres, une élévation de terrain, la vue de ce tertre apporte à son cerveau troublé l'idée d'une tombe. Tout se transforme ainsi en objets imaginaires, que notre homme regarde comme des pronostics et auxquels il attache une influence sur tous les actes de sa vie. Un jour, en traversant un passage, il coudoie à sa gauche un magasin de deuil ; on devine l'effet de tout ce noir sur une imagination alarmée. Il s'éloigne à grands pas de ce magasin, quand ses yeux lui présentent au-dessus d'une autre boutique le fatal n° 13. Voilà notre malheureux pris entre Carybde et Scylla. Il n'ose passer ni devant l'un ni devant l'autre de ces deux monstres créés par son délire. Il va, vient, revient, et cela jusqu'au soir, sans pouvoir sortir de ce terrible délire. Cependant le garde du passage remarquait avec quelques marchands cet homme qui errait depuis des heures comme une ombre en peine. La nuit s'avance, on va fermer la grille du passage. Notre visionnaire ne peut malgré tout se déterminer à franchir l'obstacle moral qui retient sa marche comme par un fil. On l'arrête, et, sur ses réponses, on l'envoie à Bicêtre. Nous ne sommes pas bien certain si M. Leuret, qui nous a communiqué ces faits, regarde un tel malade comme illusionné. Ce cas du moins pourrait servir à marquer l'influence d'une idée fixe sur l'image que nous nous formons des objets extérieurs.

L'excès du sentiment religieux est encore, malgré le déclin des croyances, une cause assez fréquente d'illusions. En forçant le lien qui unit le monde visible au monde invisible, le mystique se fait un Dieu à lui, un Dieu présent à tous ses actes. Quand l'esprit est dans cette disposition, il suffit d'un bruit, d'un accident de lumière, d'un rien, pour que les idées apparaissent au cerveau sous une forme sensible. Ces visionnaires donnent à la Divinité un corps, une voix ; ils l'accommodent d'un vêtement. Une telle image est prise le plus souvent dans les livres, dans les tableaux, dans les statues, dont le cerveau a conservé l'impression. L'égoïsme est également une cause notable d'erreurs. Nous avons vu dans un établissement d'aliénés une femme du monde, très amoureuse d'elle-même, qui, pour avoir lu un ouvrage de médecine, tombé par hasard sous sa main, croyait sentir en elle toutes les maladies décrites, dans ce livre.

L'âme participe de la nature des objets auxquels elle s'unit, et cela si intimement qu'elle finit souvent par s'y confondre. L'habitude qu'ont tous les esprits vifs d'employer des figures dans le langage constate l'existence d'une faculté sujette chez l'homme à des écarts et à des erreurs. Peu à peu ces mouleurs d'idées sont entraînés à leur donner une forme sensible, matérielle, vivante ; leur *verbe se fait chair.* L'association de nos idées avec les signes sensibles étant reconnue comme une source abondante d'erreurs, on comprend que les esprits inquiets, poétiques, exaltés, soient plus enclins que d'autres à se laisser tromper par le continuel mirage de leur cerveau. L'enthousiasme, qui n'est souvent que la passion d'une idée, peut encore devenir, comme toute passion forte, une cause fréquente de désordres pour les organes de la sensibilité. L'hallucination se montre en quelque sorte, sous ce point de vue, un phénomène artiste.

Tout en croyant utile de maintenir en théorie la division des causes physiques et des causes morales, nous devons dire qu'en fait elle s'efface très souvent. Chez les malades. L'homme n'est pas séparément un corps et une âme. C'est, selon le langage de Montaigne, un être ondoyant et divers. Il s'ensuit que les causes de la folie participent en général du caractère mixte de notre nature.

III. – DES FORMES DE L'HALLUCINATION.

Quoique les hallucinés se montrent le plus souvent confondus dans les hospices et les établissements particuliers avec les autres fous, ils présentent une physionomie singulière qui les fait aisément reconnaître. Ces altérations mystérieuses frappent volontiers un sens unique. Si c'est l'ouïe qui est affectée, les malades entendent des voix. Ce n'est pas, comme chez nous, l'agitation de l'air qui frappe leur oreille, c'est leur idée qui parle en quelque sorte à l'organe de l'ouïe et qui le trouble au point de lui faire attribuer à une cause étrangère ce qui vient de la personne même. Quelquefois les hallucinés rapportent ces voix à des êtres qu'ils connaissent, d'autres fois ils en ignorent la cause, ou bien encore ils les attribuent à des esprits. L'état de l'organe ne fait rien à ces bruits intérieurs. Il existe à la Salpêtrière une femme complètement sourde qui entend ses *voix* et qui leur répond toute la journée. Quelques malades donnent à ces bruits des noms qui en caractérisent la nature. Ce sont des *invisibles*, des *babillardes* ; une femme de la maison royale de Charenton se plaignait devant nous au docteur Foville de ses *sylphidemens*. C'est surtout dans les folies religieuses, exaltées, que les voix jouent un rôle considérable. L'âme dans ce cas-là se représente en quelque sorte à elle-même si vivement, qu'elle se prend pour une autre personne distincte, et, ne trouvant rien dans le monde au-dessus d'elle que Dieu, elle met sur le compte de la Divinité ses propres inspirations. La docilité des hallucinés aux avertissements que leur donnent ces voix est à peine croyable. Une jeune fille, pour obéir aux ordres qui lui étaient donnés, a essayé de tuer sa mère. Une autre s'est privée de parler durant cinq années entières, parce qu'on lui avait dit de garder le silence. On voit dans les salles du même hospice de jeunes filles pleines de santé qui refusent toute espèce d'aliments, parce que leurs *voix* leur ont défendu de manger. Les erreurs de la vue ne sont pas moins singulières. Tel malade marche à grands pas, vocifère, lance à droite et à gauche des coups qui n'atteignent que l'air ; vous avez sous les yeux un halluciné qui cherche à repousser l'ennemi acharné à sa

Alphonse Esquiros

poursuite. Une observation importante, c'est que la vision paraît quelquefois se former graduellement. Le malade sent autour de lui, dans les commencements, la présence d'un être vague ; *on* lui parle à l'oreille, il voit *quelque chose*, il ne distingue encore rien de bien clair. Peu à peu ce chaos se débrouille, les images se forment, mais d'une manière si nette et si vive, qu'il peut parfaitement les décrire. « Ma glace est encore trouble, me disait un de ces malheureux ; attendez un instant, cela commence à paraître. » Les visions ne tardaient pas en effet à se dessiner, avec une intensité si grande, qu'elles finissaient par masquer les objets présents, réels, ou par leur donner leur figure. Les sens du toucher, de l'odorat, du goût, présentent de même mille altérations. Quelques femmes nagent dans les parfums, d'autres sont poursuivies par des odeurs insupportables dont elles ignorent la cause. Quand plusieurs sens sont hallucinés à la fois, le malade n'a plus aucun lien avec le monde extérieur ; il vit d'une existence à lui, cherchée le plus souvent dans ses souvenirs, dans les impressions anciennes, dans les images du monde où il a passé ses jours.

Une première division est à établir dans les formes des hallucinations : il y a tel cas où ce phénomène est la cause première du délire et lui impose en quelque sorte son influence ; il est d'autres cas où sa marche est subordonnée à la maladie dont il est un des mille accidents.

En visitant les établissements d'aliénés, nous avons rencontré nous-même trois cas où l'hallucination existait comme élément primitif du délire. Le premier était une fille de vingt-huit ans, qu'on montrait comme un exemple de substitution de sexe. Elle se croyait homme. En l'interrogeant avec patience et en nous dirigeant, d'après ses réponses, à travers les détours de ce sombre labyrinthe du délire où les médecins ne suivent pas toujours assez loin les traces de leur malade, nous remontâmes jusqu'à la cause d'une telle erreur. Cette fille, qui était jolie, avait toujours mené une vie irréprochable, lorsqu'à vingt-deux ans, elle tomba entre les mains de jeunes débauchés qui abusèrent de sa faiblesse. La malheureuse essaya de se défendre ; puis, voyant toute résistance impossible, et sentant tomber ses vêtements sous l'étreinte de ses ravisseurs, elle eut recours à un artifice qui sauva sa pudeur, mais qui lui coûta la raison. Pour couvrir l'opprobre de sa nudité, elle s'imagina être changée en homme. Depuis ce moment, elle parle et raisonne comme si elle n'avait jamais été femme. Nous ne pûmes nous défendre d'une véritable compassion pour cette pauvre folle si intéressante, qui n'avait changé de sexe que pour conserver l'honneur du sien.

Dans un autre établissement particulier, nous vîmes un homme de trente-deux ans qu'on définissait ainsi : aliénation mentale entée sur une imbécillité. Cette étiquette, apposée en quelque sorte au malade, nous étonna. Nous fîmes des recherches nous interrogeâmes sa famille ; nous le pressâmes lui-même de questions, et nous découvrîmes que ce jeune homme était devenu imbécile à la suite d'une hallucination de l'ouïe. Né d'une famille riche, il avait fait des études ; il suivait à Paris ses cours de droit, et avait déjà passé deux examens, quand un jour il entendit des *voix* qui lui ordonnaient de devenir bête. Dès-lors ce fut une lutte terrible entre son intelligence et cette force occulte qui voulait l'anéantir. Allait-il parler, les voix lui disaient de se taire ; étudier, les voix lui disaient de fermer son livre ; méditer, écrire, les voix lui disaient de s'aller promener. Elles le poussaient sans cesse à tout ce qui pouvait l'abrutir. Enfin, il suivit si bien leurs conseils, que notre pauvre jeune homme devint à la lettre ce que les voix voulaient qu'il fût. Les parents, étonnés de la subite décadence des facultés mentales de leur fils, attribuèrent d'abord ce résultat au désordre de ses mœurs. On se trompait. Ce désordre n'était qu'une conséquence ; la cause était dans une erreur de l'ouïe qui l'entraînait à commettre toutes sortes d'actions dégradantes. La maladie avait été mal étudiée, et le diagnostic était faux ; il eût fallu dire : Imbécillité greffée sur une hallucination.

Le troisième cas se rapporte à un commissionnaire. Cet homme se chargeait pour rien des fardeaux les plus pesants, et les conservait tout le jour sur son dos. On n'avait vu dans cet acte qu'une extravagance ; nous soupçonnâmes qu'il pouvait bien y avoir la une hallucination. Notre doute fut bientôt confirmé. Cet homme croyait porter des trésors. Plus sa charge était lourde, plus il suait, peinait, soufflait, et plus il se montrait content, car c'était une preuve que ses richesses étaient considérables. Nous découvrîmes ce portefaix dans un hospice, où il marchait continuellement le long des arbres, le dos courbé. Quand on l'occupait aux soins de la maison, il s'y prêtait de bon cœur, mais avec un visage triste, tandis que, quand on l'employait à porter quelque fardeau, il s'en chargeait avec une joie extrême. A force de placer sur ses épaules le bien et les effets des autres, le pauvre homme avait fini par y sentir le poids de sa propre fortune.

Les hallucinés de la seconde classe, c'est-à-dire ceux chez lesquels l'hallucination n'est qu'une dépendance du délire général, sont sans contredit les plus nombreux. C'est surtout chez ces derniers que la forme du phénomène oppose à l'étude une résistance qui vient de son intarissable variété. Le seul ordre que nous ayons pu observer dans un tel désordre, c'est que chez certains malades les images se renouvellent dans le délire d'une manière décousue et agitée, tandis que chez d'autres elles s'arrêtent devant le cerveau fixes, immobiles, inexorables. Le plus souvent les hallucinations et les illusions se transforment perpétuellement les unes dans les autres. Le malade crée tout autour de ses fausses sensations un monde imaginaire ; les hommes deviennent des animaux, les animaux des hommes ; il confond une personne avec une autre et revêt tous ces objets de figures chimériques. Ce voile jeté sur la nature en trouble si bien les formes, que le monde extérieur a beau poser devant les yeux du malade, c'est toujours en lui-même qu'il voit.

Quand l'hallucination suit la trace générale du délire, elle se plaît le plus souvent à renouveler la présence d'objets assortis à la nature même de la maladie. Chez les femmes hystériques, par exemple, le cerveau est très souvent assiégé d'images fort incommodes. Presque toutes celles que nous avons rencontrées dans l'hospice de la Salpêtrière et ailleurs se plaignent d'avoir autour d'elles des hommes, il faut le dire, fort peu vêtus. La femme d'un officier, atteinte de monomanie d'orgueil, prend les autres femmes qui l'entourent pour des duchesses ; elle croit le docteur Falret un grand seigneur qui s'amuse à se faire passer pour médecin. La forme de l'hallucination présente aussi quelquefois un contraste étrange avec les causes qui l'ont amenée. Nous avons vu un pauvre diable d'Auvergnat qui, pour avoir souffert plusieurs jours de la faim, et pour avoir convoité en silence les aliments qu'il voyait étalés à la vitre des traiteurs, croit toujours être assis devant une table chargée de mets. Le plus singulier est que cet homme exécute à vide, durant des heures entières, un mouvement mécanique des mâchoires. On a également observé qu'il y avait beaucoup plus de délires érotiques parmi les filles sages que parmi les filles de mauvaise vie. Ces dernières ont, au contraire, des visions angéliques. Ne pouvons-nous rapprocher ce fait du sommeil des trappistes, si horriblement troublé de rêves obscènes et criminels- ? C'est, dans les deux cas, la nature qui prend sa revanche.

Une autre division moins importante, mais fondée aussi sur la nature du phénomène, servira à nous diriger dans ce dédale : tantôt c'est le caractère ou l'éducation d'une personne qui moule la forme des images créées par son cerveau ; tantôt c'est la société où l'on vit qui marque sur ces images l'empreinte des évènements ou des doctrines du siècle.

Les hallucinations d'une personne instruite ne sont pas celles d'une personne ignorante. Souvent même la forme du phénomène porte la trace immédiate des études favorites de l'homme halluciné. Nous avons rencontré dans un établissement d'aliénés un prêtre qui, pour avoir appliqué trop ardemment son intelligence au mystère de la sainte Trinité, avait fini par voir autour de lui tous les objets triples : il se figurait être lui-même en trois personnes, ne parlait jamais de son *moi* qu'au pluriel et voulait qu'on lui servit à table trois couverts, trois plats, trois serviettes. Comment définir cette affection mentale ? N'est-ce pas ici l'idée fixe de l'individu qui s'imprime aux sensations et qui leur communique en quelque sorte son image ?

Quand ce n'est pas une idée qui marque la forme de l'hallucination, c'est un sentiment. Dans un autre établissement d'aliénés, un jeune homme de vingt-huit ans croyait humer continuellement l'odeur de la corne qu'on brûle au pied des chevaux. Le sens trouvait à cette odeur un plaisir extrême. Une pareille erreur du nerf olfactif avait paru au chef de l'établissement une de ces mille bizarreries du délire que rien n'explique. Le hasard nous fit découvrir que cet halluciné, à l'âge de dix-huit ans, avait aimé dans son village la fille d'un maréchal ferrant qui était très belle. La sensation de l'odorat s'était de la sorte identifiée avec l'objet aimé, si bien qu'avant sa maladie on avait surpris plusieurs fois ce jeune homme à l'entrée des forges, regardant d'un œil enflammé les chevaux dont on brûlait la corne. Nul parfum au monde ne pouvait valoir pour lui cette odeur grossière, car il ne la respirait pas avec le nez, mais avec

Alphonse Esquiros

le cœur.

Il y a d'autres cas où l'hallucination est un écho de la mémoire. M. Leuret nous a communiqué un fait qui se rapporte à cette classe de malades. Un vieux prêtre, auquel il donnait des soins, entendait des voix qui lui racontaient toutes les circonstances de sa vie. Ces voix lui redisaient les noms de personnes qu'il avait connues et oubliées depuis longtemps. Souvent ces voix parlaient bas ; il prêtait l'oreille : « Comment ? plaît-il ? » La voix répétait le nom. Quand elle avait mal prononcé, elle se reprenait. Le vieillard, qui était un peu sourd, écoutait jusqu'à ce que le mot fût bien formé dans son oreille. Cette confession générale importunait fort notre pauvre abbé, qui avait çà et là sur la conscience d'anciens péchés que les voix lui rappelaient impitoyablement. M. Leuret déploya envers la maladie une sévérité qui irritait fort le malade. Ce dernier s'emportait avec une sorte de rage contre la main qui voulait le guérir. Un jour, notre halluciné entre dans la chambre du médecin avec un visage transformé : « Je viens de retrouver toute ma tête, dit le vieillard ; je ne sais combien de temps durera ce nouvel état, et j'ai tenu à vous voir pour vous témoigner que je n'avais pas mauvais cœur. Mon délire m'a souvent emporté à des injures et à de faux jugements ; mais si le fou vous calomnie, l'homme sain vous rend justice et vous demande pardon pour l'autre. Dût ce retour à la santé finir bientôt, je remercie le ciel de me l'avoir envoyé pour me montrer à vous tel que je suis. » Le médecin et le malade s'embrassèrent avec effusion, mais ce fut pour la dernière fois. Avant la fin de la journée, le vieillard était repris par un délire qui ne le quitta plus. Qu'avait donc été ce court instant si pathétique ? Un éclair de raison entre deux obscurités.

L'humeur plus ou moins sombre des malades influe encore d'une manière très sensible sur la forme des hallucinations créées par le délire. Quelquefois leur cruelle imagination invente sur eux-mêmes les supplices les plus révoltants. Une femme que nous avons vue dans le service du docteur Falret se figurait être désossée, et, comme il fallait donner un emploi à ces pauvres os tirés de son corps, elle croyait qu'on les avait mis bouillir sur le feu dans une marmite. Il n'est pas de souterrain de l'inquisition comparable à une salle d'aliénés, car, il faut bien le redire, tous ces maux imaginaires sont réels pour ceux qui les ont créés. Les erreurs des sens ne revêtent pas toujours, heureusement, des formes si inhumaines. Il est impossible de ne point admirer la main de la nature jetant le voile des illusions sur l'esprit de certains malades pour leur dérober la triste connaissance de leur état. Demandez à ces fous paralytiques, infirmes, *gâteux*, qui tombent en lambeaux, comment ils se trouvent, vous verrez se former sur leur figure effacée un dernier sourire : — Bien monsieur, vous répondront-ils avec une bouche de travers, très bien ! — Ces malheureux, dont l'existence est moins que le néant, nagent souvent dans toutes sortes de visions délicieuses.

L'hallucination est souvent le reflet de la vie publique d'un individu, de ses opinions et de ses souvenirs politiques. Nous connaissons un ancien officier de la cour de Charles X chez lequel les erreurs des sens, qui sont nombreuses, paraissent tenir à un arrêt de la mémoire et des autres facultés. Interrogez cet homme surtout ce qui a précédé 1830, il vous répondra très sensément ; si vous faites un pas de plus, il déraisonnera. Cet halluciné s'habille tous les jours pour le service de son roi, il le voit à la messe, il parle de Madame et de la duchesse de Berri, auxquelles il trouve toujours le même visage qu'il y a quinze années. Les hallucinations, de cet officier consistent toutes en une erreur de temps, car ce qu'il croit faire maintenant, il le faisait ; ce qu'il croit voir, il le voyait. La folie de cet homme, qui est lui-même une horloge arrêtée, n'est guère qu'un anachronisme.

Les époques revivent par leurs signes, et ce sont ces signes qui deviennent plus tard les éléments de nos fausses sensations. Un jeune homme se figure avoir l'image d'un aigle gravée sur le dos. Cette forme d'hallucination tenait sans aucun doute aux réminiscences de l'empire. Notre visionnaire confie son erreur à sa mère ; celle-ci cherche d'abord à la combattre. Le fils insiste ; il parle avec l'entraînement de la conviction, et, pour dernier argument, montre à sa mère la place où l'aigle a dû marquer son empreinte. « Eh bien ! lui dit-il, vois. » La malheureuse regarde et s'écrie : « Tu as raison ! » Elle avait vu l'aigle. M. Foville nous a montré ces deux malades à la maison royale de Charenton. On devine par là que la nature et la forme des hallucinations se communiquent.

Un point de vue intéressant que M. Brierre de Boismont a négligé dans son livre et que nous ne pouvons qu'indiquer ici, c'est

Alphonse Esquiros

l'influence exercée par certaines associations secrètes ou religieuses sur leurs adeptes. Parmi les gnostiques, les rose-croix, les francs-maçons, les alchimistes, on comptait beaucoup d'hallucinés. Il y aurait ici matière à de très curieuses études qui révéleraient le rôle volontaire que l'imagination exerce dans les erreurs des sens. M. Brierre est d'ailleurs sur la trace de cette idée quand il rapporte dans son ouvrage aux formes de l'hallucination tous ces faits extraordinaires qui composent, pour ainsi dire, le côté fantastique et comme la magie de la science : nous voulons parler surtout des apparitions. Les ombres, les spectres, les revenants, tiennent à une loi très simple de la nature. Un homme a promis à son ami de revenir, après sa mort, pour l'informer de ce qui se passe dans l'autre monde. Un autre a juré, en expirant, de tourmenter sur la terre son ennemi. Ces menaces ou ces promesses deviennent inséparables du souvenir de la personne morte. C'est un germe déposé dans la mémoire ; ce germe mûrit et finit par éclater un jour en une hallucination. M. Brierre serait tenté de voir dans certains cas, sur de semblables faits, la trace du doigt de Dieu. Il faut vraiment écarter de la science cette manière de voir, qui nous ramènerait à toutes les croyances puériles du moyen-âge. Concevons de la Divinité une idée plus grande, et ne la faisons pas intervenir dans les fantômes de notre raison malade.

Est-il raisonnable de ranger sous la même loi surnaturelle les visions soudaines qui ont quelquefois attribué à la conversion des saints ? Nous ne saurions encore y voir qu'un phénomène naturel. Il y a des images qui creusent silencieusement leur empreinte dans le cerveau ; elles paraissent dormir, quand un jour elles se renouvellent tout à coup et se montrent aux yeux de l'âme, qui les prend pour une illumination d'en haut. Nous croyons que M. Brierre n'aurait eu qu'à consulter ses propres connaissances pour faire justice de toute autre explication. Ne remarque-t-il pas lui-même qu'il existe un état physiologique, connu de tous les voyageurs, durant lequel on semble voir avec les sentiments plutôt qu'avec les yeux ? L'homme se trace alors des lieux une image tellement rapide et tellement nette, que les sens paraissent comme doublés. Un autre effet non moins surprenant est celui qui se produit dans les songes. Il se fait quelquefois, pour ainsi dire, des éclaircies de mémoire. L'âme, comme éveillée par le sommeil des sens, jette dans le cerveau une vive lumière sur des groupes (10 souvenirs depuis longtemps effacés, qui se colorent subitement. Il y a un équivalent de ce phénomène dans les réminiscences des aliénés. M. Leuret nous a raconté qu'une fille du peuple prononça dans son délire un grand nombre de mots latins. Elle avait été servante dans la maison d'un curé, où elle avait sans doute entendu parler cette langue morte ; mais, hors de son délire, elle n'avait nulle idée du latin, et sans doute une très faible du français.

IV. – LES ANCIENS VISIONNAIRES. – LES HALLUCINES AU POINT DE VUE LEGAL.

Les visions que nous venons d'analyser chez les malades, nous les retrouvons chez tous les démoniaques, les sorciers, les pythonisses. Les mêmes effets doivent nécessairement dériver de la même cause. Le diable passait, au moyen-âge, pour le père des illusions. En effet, quand il donne un écu, c'est une feuille sèche : toujours l'apparence de la chose pour la chose, même. Il n'est guère d'établissement d'aliénés où il ne se rencontre au moins un malade qui passe toute la journée dans les cours à ramasser des cailloux ou des coquillages, qu'il prend pour des diamants, des antiquités, des pièces de monnaie. Quelques-uns serrent précieusement des morceaux de papier qu'ils regardent comme les titres de leurs châteaux en Espagne. On le voit, le caractère de l'illusion est exactement le même ; la folie paie tous ses enfants comme le diable payait autrefois ses affidés, en monnaie creuse, en assignats de l'enfer. Les historiens se sont souvent montrés surpris de l'opiniâtreté que les sorciers, hommes et femmes, déployaient au milieu des supplices. Cette circonstance n'a rien qui étonne le physiologiste. Nous retrouvons ce même entêtement chez tous les hallucinés. La cause en est bien simple : nous avons déjà dit que les hallucinés ne croient pas sentir ; ils sentent réellement. Comment faire désavouer à un homme ce que ses yeux ont vu, ce que son oreille a entendu, ce que ses mains ont touché ? Quand Pascal dit : « Je crois volontiers les histoires dont les témoins se font égorger, » ce grand philosophe s'engage, sans le savoir, à croire au témoignage de véritables fous. Les hallucinés ont été littéralement *témoins* de ce qu'ils racontent. S'ils disaient autrement, ils mentiraient. Aussi, toutes les fois que l'histoire nous présente l'existence d'une hallucination combattue par la société, nous pouvons être assurés de voir aussitôt les roues les bûchers, les croix s'élever de toutes parts, sans que tous ces tourments arrachent au malheureuses victimes le désaveu de leurs visions. La pensée de Pascal n'est donc vraie que dans certaines limites. Sans doute l'esprit n'est jamais intéressé à se dévouer pour une erreur dont il a conscience ; mais les sens peuvent l'avoir trompé, et il agit alors comme si l'impulsion était véritable. La brutalité des cours de justice envers les sorciers a été vraiment révoltante, surtout quand on songe que ces hommes se montraient de bonne foi, et qu'ils étaient, pour ainsi dire, allés au sabbat sans leur volonté. Telle est, du reste, la marche de toutes les doctrines qui exaltent l'imagination des masses : elles produisent des fous, et ces fous engendrent des martyrs.

Ce ne sont pas seulement les sorciers, les oracles, les devins, les illuminés, qui se trouvent rattachés par l'étude à la famille des hallucinés. Si les hommes de nos jours qui croient communiquer avec un esprit sont fous, Socrate, qui entendait une voix et qui croyait à l'assistance de son démon familier, qu'était-il ? M. Lélut a consacré un livre à l'examen de cette question ; sa réponse est : oui, Socrate était atteint de folie. M. Leuret a porté plus loin son investigation ; il a étendu son *criterium* aux prophètes. MM. Lélut et Leuret se montrent logiques, car, après avoir admis l'hallucination sur les indices fournis par l'histoire et l'Écriture, ils concluent courageusement à la folie. On n'en peut dire autant de M. Brierre, qui admet les mêmes indices, du moins en ce qui regarde Socrate, Luther, Jeanne d'Arc, Loyola, et qui n'aboutit à aucune solution. Que ces hommes-là aient été les représentants d'une idée, qu'ils aient été hallucinés par dévouement, par enthousiasme, que l'état de la société concourût à leur fournir les éléments d'une telle erreur, j'en conviens ; mais, encore une fois, ce n'est pas là détourner de leur tête le soupçon de folie. Une cause ne nie pas un effet, elle l'affirme. Nous ne dirons point d'un autre côté avec M. Lélut : « L'humanité, qui s'enorgueillissait naguère des prodiges d'une raison sublime et créatrice, n'a plus qu'à se voiler la tête pour pleurer la perte, désormais irréparable, d'un de ses plus glorieux enfants. » Non, l'humanité ne se voilera pas la tête, car Socrate n'est pas déchu pour cela du trône de la philosophie. C'est surtout dans les écarts de la nature qu'on retrouve plus visible l'impression de la main de Dieu ; soit qu'elle élève les hommes, soit qu'elle les abaisse, elle a soin de les revêtir de traits et de caractères singuliers qui annoncent son dessein en les créant. Tous les anciens visionnaires ont puisé dans l'erreur même de leurs sens une force de volonté incomparable, une confiance sans bornes ; moins fous, ils eussent sans doute été moins grands. Qui sait, en effet, si la folie n'est point un moyen violent, une épreuve douloureuse dont se sert quelquefois la Providence pour mettre la raison humaine sur la trace de vérités occultes et supérieures ?

M. Brierre affirme qu'on ne retrouve plus rien de pareil aux anciens visionnaires chez les aliénés de nos établissements. Pour juger ce que vaut cette assertion, il faut la soumettre à l'expérience. Il convient d'abord de remarquer qu'on ne reçoit guère dans les établissements d'aliénés que des hommes dont la raison est tout-à-fait obscurcie. Est-il ensuite bien exact de prétendre que, même chez ces fous séquestrés, la maladie n'augmente jamais la mesure des facultés intellectuelles ? Nous avons tous en nous-mêmes des pensées qui ne sont pas présentes à notre connaissance. Il suffit quelquefois d'une excitation quelconque pour que ces idées se révèlent. Ceci explique comment les hallucinés prêtent souvent à *leurs voix* un langage très au-dessus de leur portée. Une vieille femme de la Salpêtrière se croit tourmentée par des diables qu'elle entend et qu'elle sent. M. Esquirol lui avait promis de les chasser. Ces diables disent à la femme : »Si M. Esquirol nous chasse, nous sortirons en effigie. » Notre pauvre femme ne comprend point ce dernier terme ; elle demande alors à M. Leuret ce que cela signifie de sortir en effigie et si cela veut dire *tout de suite*. Nous avons vu nous-même, il y a deux ans, une jeune Irlandaise qui, au milieu de ses accès, prêchait comme O'Connell. Il est hors de doute que dans des temps de foi et d'ignorance on eût attribué à une cause surhumaine les discours de cette folle inspirée.

L'hallucination excite et accroît nos forces intellectuelles, nous la trouvons mêlée au sommeil, et c'est à sa présence qu'il faut attribuer dans certains cas des jets de lumière soudaine qui nous trompent sur la source de nos idées. Un célèbre écrivain anglais rêve une nuit qu'il discute avec un inconnu sur un point très ardu de philosophie, et que, dans le courant de la controverse, son adversaire lui adresse un raisonnement invincible. Réveillé en sursaut, il cherche une réponse à ce même argument et n'en trouve aucune. L'impression de ce rêve survit au sommeil et rend notre philosophe triste durant plusieurs jours. Il fallut qu'un ami, auquel il confia le sujet de son chagrin, le consolât en lui disant : « Mais cet adversaire qui vous a vaincu, c'est vous-même ; cette pensée qui vous confond est la vôtre. » Il en est de ce rêve comme des luttes théologiques qu'engageait Luther avec le diable. Le puissant réformateur demeurait quelquefois si accablé sous les objections de son contradicteur imaginaire, qu'il ne trouvait d'autre moyen pour se tirer d'embarras que de rompre brusquement la controverse, en lui tournant le dos, avec une grosse injure latine que nous n'osons pas traduire. Luther, dans ces moments-là, se battait lui-même et ne s'en tenait pas moins mortifié pour cela de sa défaite. On voit par ces faits comment, dans le cas d'hallucination, l'âme aux prises avec elle-même, et étonnée d'une puissance de raisonnement qu'elle ne se connaissait pas, désassocie son *moi* et met ses propres éclairs de génie sur le compte d'un être imaginaire. En fournissant à l'esprit de nouveaux éléments, l'hallucination le met en état de s'exercer avec de nouvelles forces, et accroît ainsi le domaine de ses idées.

Si, comme l'assure d'ailleurs M. Brierre, les hallucinés d'aujourd'hui ne sont capables de rien de grand, n'est-ce pas là une suite de l'état actuel de la société ? Ces visions qu'autrefois on cherchait, on provoquait, maintenant tous les esprits élevés les écartent et les fuient. Loin de passer pour des faveurs célestes, nous savons qu'elles nous rendraient à cette heure la fable du monde, et qu'elles nous enverraient aux petites-maisons. Il existe dans cette crainte un frein moral qui nous empêche de nous livrer aux premiers écarts de notre imagination malade. De telles erreurs n'atteignent donc plus guère aujourd'hui que des esprits faibles ou ordinaires. Quand ces mêmes visions étaient au contraire des instruments de puissance sur les masses, on s'y abandonnait avec une sorte d'amour. La vision éteinte, l'impulsion continuait. Cette impulsion était d'autant plus forte que la société n'y faisait pas résistance, et que la source en était plus généreuse. Quand l'hallucination décalquait autour d'elle les empreintes de son siècle, quand elle avait son point de départ dans le dévouement, elle produisait nécessairement de plus grandes choses que de nos jours, où elle revêt les livrées d'un homme et de son égoïsme. Luther qui s'imagine avoir le démon *pendu à son cou*, Jean-Jacques Rousseau qui voit partout des amis malfaisants occupés à lui nuire, n'est-ce pas le même homme sous l'influence de deux époques différentes ? Dans le premier cas seulement, la vision est impersonnelle et désintéressée ; si Luther dispute avec l'ennemi du genre humain, c'est pour lui dérober des lumières utiles à son siècle. On conçoit qu'alors cette erreur d'un cerveau fatigué puisse être féconde en grands résultats. Dans le second cas, au contraire, ces visions mesquines, tracassières, mornes, obscurcissent le déclin d'une belle intelligence et la poussent à la folie mélancolique, peut-être même au suicide.

L'influence des croyances religieuses sur les doctrines médicales et sensible dans l'ouvrage de M. Brierre de Boismont. Deux ordres d'idées partagent aujourd'hui les esprits, l'ordre de foi et l'ordre de science ; l'auteur a essayé de les réunir. Cette tentative nous semble au moins prématurée. Dans l'état présent des choses, il y a de l'inconséquence à soutenir qu'un phénomène naturel dans un cas puisse devenir surnaturel dans un autre ; or, c'est précisément là que M. Brierre de Boismont est conduit par ses idées catholiques. Pour éviter de confondre les hallucinations de la folie avec les visions racontées par l'histoire profane, et ces dernières avec les apparitions de l'Ecriture sainte, l'auteur établit des différences arbitraires qui ne nous semblent motivées que par les besoins de sa conscience. Sans doute l'hallucination a pu agir d'une manière très variée, elle a revêtu différentes formes et donné des impulsions souvent contraires, suivant les circonstances où elle s'exerçait ; mais, quant au fait, il est et demeure rigoureusement le même, c'est-à-dire un phénomène naturel très voisin de la folie, et qui y tombe même nécessairement sans entraîner toujours l'intelligence.

Ce ne sont pas seulement les hommes de génie qu'il convient de ranger dans la classe des hallucinés, ce sont aussi quelquefois les grands criminels. Nous mettons ici le pied sur un terrain délicat, sur une question médico-légale qui intéresse l'histoire et la société. Il arrive journellement que des esprits illusionnés donnent aux actes ou aux personnes qu'ils ont sous leurs yeux la figure des monstres qui sont dans leur cerveau. Un homme, se trouvant dans une diligence, entre deux voyageurs qui se passaient de temps en

Alphonse Esquiros

temps une tabatière, s'imagine voir entre leurs mains une boîte de poudre vénéneuse dont ils veulent lui faire respirer l'essence ; ému par le sentiment de sa propre conservation, il se jette sur ces deux infortunés, et les tue à coups de couteau Nous avons rencontré ce fou à Bicêtre, dans la division de M. Voisin ; il se croit maintenant le verbe de Dieu. Comme nous lui reprochions le meurtre des deux voyageurs : « Je ne les ai pas tués, nous a-t-il répondu, je les ai seulement *chagrinés* ; le monde saura d'ailleurs un jour ce que j'en ai fait. » De tels êtres sont trop dangereux pour qu'on les rende jamais à la société.

Il y a d'autres cas où les hallucinés sont poussés à commettre des actions monstrueuses par une force irrésistible. Une mère regarde dormir son enfant dans un berceau ; elle le contemple avec une joie et une tendresse infinies ; tout à coup passe comme un éclair au milieu de la sérénité de son âme cette idée étrange : si je le tuais ! La mère écarte avec horreur cette image abominable ; elle aime son enfant, elle est prête à donner sa vie pour lui épargner une larme et pour le sauver d'un danger. Cependant l'idée chassée ne se tient point pour battue ; elle profite du trouble même qu'elle a causé pour revenir à la charge ; elle assiège le cerveau de cette pauvre femme par tous les côtés faibles, elle prend un corps, une voix ; elle lui crie aux oreilles : « Il faut tuer ton enfant ! il faut tuer ton enfant, ! » La malheureuse repousse cette voix comme elle a éloigné l'idée, mais plus faiblement. Une nuit, au milieu du repos et des ténèbres, seule près de son nouveau-né qui dort, elle entend la voix qui parle avec instance, une force inconnue lui pousse le bras ; elle tombe effrayée sur les deux genoux : « Mon Dieu, mon Dieu, ne me faites pas commettre une action horrible ! Voyez comme il dort dans son berceau ; on dirait un ange ou l'enfant Jésus. » Tout se tait ; elle se recouche, et essaie de rappeler le sommeil. « Non, reprend la voix, non, cela ne finira pas ainsi : lève-toi, prends cette arme, et fends la tête de ton enfant. » La malheureuse mère est saisie d'effroi, elle veut s'enfuir, une puissance invincible la retient et la pousse sans cesse vers l'enfant endormi. D'une main tremblante elle ramasse la hache qui est dans un coin de la chambre, et recule. « Achève, dit la voix, frappe ! frappe ! » Le visage de cette femme est noyé de pleurs ; pâle, effarée, tremblante, elle immole alors ce qu'elle aime le plus au monde. A peine cette femme a-t-elle obéi, que l'hallucination se dissipe ; réveillée comme en sursaut de son état d'aveuglement par cette affreuse secousse, la pauvre mère étend ses bras et reconnaît alors ce qu'elle a fait. La raison revient toujours en pareil cas pour éclairer d'une lueur sinistre et tardive les actes irréparables du délire.

Des faits de la nature de celui que nous venons de raconter se renouvellent constamment. Il n'y a pas un demi-siècle que la loi confondait dans ses châtiments tous les auteurs de ces actes coupables, sans remonter à la source de ces actes, sans s'informer de l'état mental de l'homme qui les avait commis. Aujourd'hui la science ne cesse d'intercéder pour ces malheureux instruments d'un crime involontaire et de disputer leurs têtes à la justice. Les caractères de la folie ne se prononcent pas toujours nettement ; il y a ici comme partout des demi-teintes, des nuances effacées. Un homme n'est point complètement aliéné ; mais il a déjà perdu le contrôle moral de ses actions. Ces consciences, très peu libres, assistent dans le monde au jeu des passions, se mêlent au mouvement de la société qui les entraîne, passent journellement sous mille influences diverses ; pour peu qu'une idée fixe, une erreur des sens s'empare de ces esprits douteux, elle les domine sans réserve. Ce n'est pas d'aujourd'hui que les physiologistes ont reconnu dans les organes de l'homme, dans ses membres, une autre loi que celle de la volonté. La folie développe outre mesure cette fatalité des sens qui tend sans cesse à entreprendre contre la liberté de l'homme. Ces esprits dominés ne s'appartiennent plus ; ils sont à l'hallucination qui les gouverne ; ils agissent sous la loi du délire qui pervertit tous leurs sentiments. Un homme d'une grande dévotion se croit tout à coup possédé du diable ; il ne songe plus dès-lors qu'à conformer ses actions à cette nouvelle destinée. Le sentiment religieux se tourne dans son cœur en rage, en désespoir ; son esprit malade se nourrit de pensées infernales ; il veut recommencer Judas. Le voilà donc qui se dispose à communier en état de péché mortel, afin de trahir et de crucifier Dieu dans son cœur. M. de Lamennais a connu cet homme, chez lequel évidemment la maladie avait créé une seconde nature. Nous laisserons les théologiens disputer entre eux pour savoir si derrière ce grand trouble le principe immortel de notre nature était demeuré indépendant ; les manifestations du moins étaient viciées, et ce sont les manifestations que juge la loi

Alphonse Esquiros

humaine.

« Il y a encore, nous disait le docteur Voisin ; dans nos prisons, dans nos bagnes et jusque sur nos échafauds des hommes dont la vraie place serait dans nos hospices ou dans nos maisons de santé. La science finira par amener dans l'exercice de nos lois des réformes nécessaires. Avant de punir un homme, il faudrait connaître la part de liberté qui lui a été dévolue par la nature. » M. Brierre de Boismont a soutenu à peu près dans son ouvrage les mêmes idées. Nous ne savons trop si le moment est venu de discuter ces problèmes effrayants devant lesquels tremble toute l'ancienne échelle de la pénalité. Toujours est-il que la conscience ne peut, sans frémir, agiter de pareils doutes ; car à ces doutes est attachée la vie ou la mort d'un homme. Nous nous bornerons à conclure pour le présent qu'une enquête médico-légale devrait être appliquée à la plupart des auteurs de ces crimes dont la nature intéresse à la fois la science et la justice ; autrement, la société punit souvent ceux qu'elle devrait, guérir.

V. – DU TRAITEMENT DE L'HALLUCINATION.

Le traitement des hallucinations doit avoir pour base la connaissance philosophique de l'homme. Nos maladies participent de notre double nature : elles sont tantôt physiques, tantôt morales, et le plus souvent mêlées. Les deux doctrines rivales que nous avons vu partager les écoles anciennes et modernes, nous les retrouvons en présence sur le terrain de la médecine pratique. Le matérialisme et le spiritualisme ont calqué chacun leur traitement sur les idées qu'ils se faisaient de l'homme malade. Les médecins qui n'ont cru reconnaître dans la folie qu'un désordre du cerveau se sont arrêtés à l'emploi des moyens physiques. Cette méthode nous semble au moins insuffisante. Il nous souvient d'avoir rencontré dans un établissement particulier un aliéné qui s'imaginait être roi. Cette erreur était fondée sur une hallucination de la vue. Notre pauvre malade se figurait assister tous les soirs, dans son château, à une cérémonie durant laquelle tous ses sujets venaient, l'un après l'autre, lui baiser la main. Il avait été, pour cette orgueilleuse erreur, sévèrement purgé, saigné et médicamenté. A peine pouvait-il se tenir debout durant la visite du médecin, car deux larges vésicatoires avaient mis à nu la partie la plus sensible des jambes. On menaçait de lui poser un troisième vésicatoire sur le bras. — Eh ! mon Dieu ! s'écria le malade avec un accent de raison qui nous frappa, quand vous me couvririez de plaies vives, m'empêcherez-vous de voir ce que je vois ? Un vésicatoire de plus ou de moins sur le bras ne changera rien à mes idées ; ce sont ces idées qu'il faut combattre, si vous les trouvez fausses. Autrement, vous me faites mal, et voilà tout. Cela ne prouve rien de me martyriser comme vous faites. Dites-moi donc au moins que je me trompe, et trouvez un moyen de me le montrer. – Je me demandai intérieurement lequel de ces deux hommes était le médecin et lequel était le fou.

La médecine, entraînée par Gall, par Broussais et par Georget sur la trace du matérialisme, en était là, quand un homme d'une volonté ferme, opiniâtre, d'une conviction inébranlable, d'une perspicacité de tact singulière, annonça qu'il allait guérir les hallucinations sans saignées, sans purgatifs, sans moxas, rien que par l'emploi d'un traitement moral, c'est-à-dire par les idées et les passions. Il y eut émeute. M. Leuret fut déclaré digne de prendre la place de ses malades. Des attaques d'une violence inouïe fondirent comme la grêle sur ce médecin orgueilleux qui voulait redresser par le raisonnement les idées contrefaites et les sentiments déviés. Cependant les guérisons vinrent, les opinions se calmèrent, et nous vîmes tomber une à une les armes par lesquelles on s'efforçait de le combattre. C'est qu'en effet ce médecin philosophe avait entre les mains un levier d'une puissance énorme et trop longtemps méconnue. Nous ne parlerons pas ici des moyens dont M. Leuret s'est servi avec éclat pour frapper les malades d'une terreur bienfaisante, et les réduire, en quelque sorte, de vive force à la raison. On a trop abusé de cette louange perfide ; on a trop souvent représenté M. Leuret comme un génie sombre et dur, dont la main tient sans cesse la douche suspendue sur la tête effarée des malades. Il est vrai que le médecin de Bicêtre a plusieurs fois déployé une violence préférable, selon nous, à cette fausse et cruelle miséricorde qui entretient les malades dans leur funeste état ; mais nous tenons à montrer qu'il sait varier l'emploi de ses moyens et calculer le remède sur la nature des personnes.

Une femme du monde, grande théologienne, s'imaginait avoir

sur elle des signes de malédiction divine. M. Leuret arrive chez cette dame ; il la trouve fort concentrée dans ses idées. Cette malheureuse ne cesse de parler de son état ; elle se croit indigne, repoussée de Dieu, damnée. M. Leuret la laisse divaguer tout à son aise. — J'étais venu, lui dit-il enfin, pour vous entretenir de votre mari, de vos enfants ; mais je vois que vous êtes au-dessus de cela. Continuez, madame, de vous livrer à vos rêveries égoïstes. — A ces mots, il se retire, content de lui avoir, pour ainsi dire ; jeté un premier hameçon dans le cœur. Le lendemain, M. Leuret retourne chez cette femme ; il la trouve plus inquiète que la veille. Elle demande des nouvelles de sa famille ; ces nouvelles sont mauvaises. Elle s'alarme, se trouble. Survient une de ses amies qui lui propose de faire une neuvaine ; il s'agit d'arracher à la mort des têtes bien chères. La pauvre folle consent à réciter tous les soirs une prière convenue. Le dixième jour, elle reçoit de son mari une lettre écrite d'une main tremblante : « Je viens d'échapper à un grand danger ; j'ai fait une maladie très grave. Les médecins m'avaient tous condamné ; mais hier, à huit heures du soir, un vrai miracle s'est opéré en moi ; je me suis, pour ainsi dire, senti revenir à la vie. Quoique encore faible, je me porte beaucoup mieux ; je suis sauvé. Nos enfants qui ont été comme moi fort malades, sont aussi rétablis. C'est une faveur inespérée du ciel. » L'effet de cette lettre fut tel qu'on l'avait prévu. La malade ne manqua pas, de réfléchir sur ce qu'elle venait d'apprendre et d'en tirer cette conséquence : Je ne suis donc pas tout-à-fait réprouvée, puisque Dieu m'écoute. De ce jour, la guérison fut certaine. Nous n'avons pas besoin de dire que l'amie était mise en avant par le médecin, et que la maladie du mari, la lettre, le miracle, étaient autant de moyens concertés. Un pareil traitement exige les ressources d'un esprit très ingénieux, et sous ce rapport du moins la méthode de M. Leuret court grand risque de trouver peu de prosélytes.

On voit qu'ici le médecin n'a point attaqué de front l'objet de la folie ; il a pris un détour, il est entré, pour ainsi, dans la place comme par surprise. Il n'est pas toujours nécessaire de recourir à ces ménagements. La folie, celle de l'orgueil surtout, est envahissante ; si vous ne l'arrêtez tout court, en lui présentant une limite brusque, il est à craindre qu'elle ne se répande et ne gagne sans cesse du terrain. M. Leuret se montre sans pitié pour toutes les illusions, quelles qu'elles soient. Comme la volonté est un des organes de la croyance, il oblige ses malades à parler et à agir en sen inverse de leur manière de voir. C'est dans de pareils cas que M. Leuret s'est servi avec avantage de la contradiction. L'emploi des moyens énergiques demande une grande connaissance du cœur de l'homme. Il faut un coup d'œil prompt et juste pour que l'aliéné, sentant toutes ses ruses percées à jour par la sagacité du médecin, se reconnaisse le plus faible et cède à l'ascendant de la raison. La contradiction est bonne ; la diversion est meilleure. La plupart des hallucinations tiennent à des passions délicates que l'on réveille non-seulement quand on les flatte, mais encore quand on les choque ; il vaut mieux les laisser dormir. Ceux qui contredisent perpétuellement les fous hallucinés ne songent pas qu'ils ne peuvent les irriter de la sorte sans leur rappeler vivement l'objet de leur délire ; ainsi l'on incruste trop souvent ce qu'on voulait effacer. Nous assistions à la visite d'un médecin qui demandait à une malade, avec ironie : « Eh bien ! sommes-nous toujours la princesse de *** ? — A force, répondit-elle, de revenir toujours sur le même sujet, vous graveriez chez nous des idées que nous n'avons pas, ou que nous n'avons eues qu'en passant. » Le docteur, homme d'un grand sens, tomba lui-même d'accord avec elle, et reconnut la sagesse de cette observation. M. Brierre de Boismont reproche au système de diversion morale que l'on ne saurait l'appliquer dans tous les cas. Cette objection ne nous semble pas suffisamment fondée. Nous ne croyons pas qu'il soit impossible de faire travailler hors d'un hospice les malades de l'intelligence ; nous avons vu dans le riche et bel établissement de Vanvres des gentilshommes aliénés qui remuaient bravement la terre avec la bêche. Or, le travail des mains est une diversion aux images du délire. Quand les mains ne veulent point s'occuper, il faut intéresser la tête. Plus le malade appartient à une classe cultivée, plus il offre de prise au médecin pour varier la nature des distractions. M. Leuret s'est fait plus d'une fois l'instituteur de ses malades ; les leçons de cet habile médecin n'avaient alors qu'un but, guérir l'esprit en l'ornant.

Un homme qui remplissait dans le monde des fonctions honorables s'imagine un jour avoir du poison dans la poitrine. La source d'une telle illusion était dans la défense qui lui avait été faite, par une caution hygiénique, d'embrasser trop souvent son enfant nouveau-né. A force de raisonner sur son erreur, notre malade arrive à cette conséquence : « Ce poison que j'ai dans la poitrine coule avec mon sang dans mes membres, et je puis le communiquer. » Dès-lors il n'ose plus ouvrir les portes, car sa main empoisonnerait le bouton de cuivre de la serrure, et ceux qui y toucheraient après lui seraient perdus. Lui sert-on sur son assiette des artichauds, du poisson, il mange toutes les feuilles, il mange les arêtes, au risque de s'étrangler. Les détritus pourraient en effet causer la mort de ceux qui les manieraient par hasard en nettoyant l'assiette. Un tel état était insupportable. Quand le malade arrive à Bicêtre, M. Leuret lui dit : « Vous prétendez être un homme dangereux pour vos semblables, votre contact seul empoisonne tout autour de vous ; c'est bien. Vous êtes ici dans une maison dont je suis le médecin. Je vous ordonne d'agir comme si vous étiez en bonne santé. S'il arrive des malheurs, votre conscience en sera déchargée ; je prends tout sous ma responsabilité. » Le malade, ayant cette assurance, ne se surveilla plus : « Tant pis pour vous, dit-il au médecin, cela retombera sur votre tête ! » Il commence alors d'agir convenablement ; mais M. Leuret ne tarde point à s'apercevoir que la conduite de cet homme, quoique régulière, est toute passive. Il agissait comme un instrument dans la main de l'ouvrier qui le dirige. M. Leuret cessa alors de lui donner aucun conseil : notre homme s'emporta ; même silence : Ce refus amena une crise, à la suite de laquelle M. Leuret lui adressa une exhortation très vive : « Soyez homme, enfin ! C'est se dégrader au-dessous de la brute que d'aliéner ainsi sa volonté. Vous avez vu que vous aviez touché ici tous les objets à votre portée et qu'il n'en était résulté aucun inconvénient. Vous étiez donc dans l'erreur. Ayez le courage d'agir en conséquence. » Ces mots firent leur effet. Pour achever d'enlever le malade aux préoccupations de son délire, M. Leuret lui fit suivre un cours de physique. Dès les premières leçons, cet homme y prit un intérêt très vif qui assura sa guérison ; il avait du moins gagné quelque chose à être fou puisqu'il recouvra sa raison accrue de nouvelles connaissances. Les travaux intellectuels sont d'ailleurs favorables à la guérison que les travaux du corps, car les mains occupées n'empêchent pas toujours l'esprit de divaguer. Comme l'hallucination se montre le plus souvent entée sur une idée, sur un sentiment, sur une passion, c'est cette idée qu'il faut combattre ; c'est ce sentiment ou cette passion qu'il faut déjouer ; voilà toute la base du traitement moral.

Quand les procédés ordinaires ont échoué sur un malade, M. Leuret l'attaque par sa passion même, tout en se ménageant, bien entendu, un moyen de la détruire plus tard. Il y avait dernièrement à Bicêtre un aliéné qui s'isolait de ses camarades et des employés de la maison, vivait d'une manière bizarre, refusait de coucher dans un lit, de manger à table, de changer de linge, concentré qu'il était dans l'adoration de lui-même. Après avoir examiné la nature de cette folie, M. Leuret reconnut qu'il n'aurait prise sur son malade que par un seul mobile, celui de l'orgueil. Il résolut donc de l'aborder de ce côté-là. Notre homme modelait, dans ses loisirs, de petits ouvrages en terre. M. Leuret commença par témoigner pour ces ébauches une admiration excessive. Quand il eut trouvé accès par cette ouverture dans le cœur du malade, il essaya de lui donner, sous forme de réflexions, quelques petits conseils. « Je m'étonne, disait-il à voix basse, qu'un homme de mérite, un sculpteur distingué, couché par terre comme un animal : cela ne me semble pas digne. » Le médecin gagnait ainsi chaque jour du terrain dans l'esprit de son malade, par l'estime qu'il professait pour les talents de l'artiste. Ce dernier ne tarda point à lui accorder sa confiance. Son amour-propre flatté faisait volontiers le sacrifice de quelques ridicules, pourvu qu'on lui accordât en retour les éloges qu'il croyait lui être dus. M. Leuret délivra ainsi peu à peu son malade de toutes les fausses habitudes créées par cette monomanie d'orgueil. Notre aliéné consentit à coucher dans un lit, à dîner au réfectoire, à renouveler ses vêtements, et s'en trouva mieux. Quand le docteur fut certain de l'avoir rattaché par le bien-être à la vie commune, il comprit que le moment était venu de détruire la passion qu'il avait flattée jusque-là. M. Leuret se sertit pour cela d'une main étrangère. Il proposa un jour à son malade de faire venir un sculpteur en renom pour juger ces mêmes ouvrages que lui, médecin, admirait, disait-il, sans beaucoup s'y connaître. Cette offre fut acceptée : notre aliéné se faisait trop illusion sur son mérite pour craindre le contrôle d'un homme de l'art. A l'heure de la visite, M. Leuret arrive donc avec l'artiste annoncé. On lui montre les figures exécutées en terre, et M. Leuret, d'un ton sérieux, lui demande son avis. Le malade attend, comme on le pense bien, la

Alphonse Esquiros

réponse avec une anxiété visible. L'étranger se contente de hausser les épaules. M. Leuret insiste. Même silence de l'artiste, même geste de dédain. Le docteur cependant veut le pousser à bout : « Quel prix pourrait-on au moins retirer de ces statuettes ? — Pas un centime, » répond brutalement l'artiste. On comprend qu'à un tel choc l'idole d'orgueil de notre pauvre fou dut tomber de sa base. En effet, à dater de ce jour, le malade abandonne ses ébauches, se livre avec ses compagnons aux travaux des champs, et bientôt il sort parfaitement guéri de l'hospice de Bicêtre.

Nous ne saurions passer sous silence un mode de traitement applicable aux illusions, qui remonte à Ambroise Paré, et qui a été renouvelé dans ces derniers temps par M. Esquirol. Ce système consiste à faire semblant d'entrer dans l'erreur des malades, pour arriver ainsi à la guérir. Toutefois, de tels moyens ne présentent qu'une efficacité relative et toujours incomplète. En passant par-dessus l'erreur de l'aliéné, qui reste intacte, un tel procédé court toujours le risque de voir cette erreur se renouveler. La racine reste ; et sur cette racine d'autres végétations malsaines peuvent se reproduire incessamment. L'opération serait donc sans cesse à recommencer. Que si le malade vient en outre à découvrir par hasard la ruse du médecin, tout est perdu. Sa position se trouve singulièrement aggravée, car il n'aura plus aucune confiance, à l'avenir, dans un homme qui l'a trompé. A moins de cas exceptionnels, où toutes les autres voies de conviction ou même de contrainte ont été tentées inutilement, nous croyons donc qu'un tel moyen de traitement doit être rejeté. C'est dans la bonne foi, et non dans une feinte quelquefois heureuse, qu'il faut chercher des armes pour combattre radicalement l'erreur des malades. Encourager le délire, c'est protéger l'incendie ; vous couvrirez le feu sur certains points, mais la flamme éclatera sur d'autres, et vous n'aurez rien fait.

Non-seulement il ne faut pas condescendre aux imaginations de la folie, mais il importe, au contraire, d'éloigner de l'esprit et des yeux du malade, le jour, la nuit même, s'il était possible, les idées ou les objets qui tendent à renouveler la trace de ses visions délirantes. Le lien des songes et des hallucinations est surtout sensible dans les premiers temps de la convalescence. M. Leuret nous a dit avoir rencontré des cas où un rêve seul faisait évanouir tout le travail du médecin. On juge par-là combien est délicate la mission de l'homme voué par état à guérir les infirmes de l'intelligence. A la fois prêtre, philosophe et anatomiste, il doit tour à tour confesser, éclairer et traiter ses malades. Un fait que nous avons d'ailleurs reconnu, c'est que les médecins les plus opposés en apparence au traitement moral l'appliquaient à leur insu, et comme malgré eux, dans leur service, tant ce traitement est Indiqué par la nature même de la maladie.

M. Brierre se déclare pour un traitement mixte tantôt physique, tantôt moral, le plus souvent l'un et l'autre. Ce parti est sans doute le plus sage. M. Foville a rétabli le calme le plus parfait chez des hommes que des hallucinations de l'ouïe avaient poussés aux plus horribles tentatives. Il lui avait suffi de traiter le sens spécialement affecté pour obtenir cet heureux changement. Nous avons vu nous-même dans le service du docteur Falret une jeune Italienne qui s'était montrée, durant un jour et une nuit, fort tourmentée de la présence de trois hommes nus. Un simple bandeau appliqué sur les yeux de cette fille fit cesser la vision importune.

M. le docteur Moreau a également, dans ces dernières années, appliqué certains narcotiques au traitement des hallucinations. Son procédé présente une manière d'affinité avec l'homœopathie. Le *datura stramonium*, s'est dit ce médecin distingué, le hachich, l'opium, provoquent dans l'état sain des hallucinations ; ces mêmes substances ne pourraient-elles pas les guérir ? Il paraît que ce traitement a obtenu quelque succès entre les mains de l'auteur ; mais jusqu'ici il n'a pas réalisé, que nous sachions, les mêmes résultats entre les mains de ses confrères. Nous avons suivi nous-même dernièrement l'emploi du hachich sur trois hallucinés ; le résultat de l'absorption de cette substance fut de changer les visions ordinaires de ces malades en d'autres visions. Le fait est sans doute curieux, mais il nous semble très loin d'être concluant. Déplacer la nature de la folie, ce n'est pas la guérir.

La conclusion de cette étude est marquée par le but même que nous nous sommes proposé en commençant. Le fou, comme objet d'observation, appartient aussi bien au moraliste et au philosophe qu'au médecin. C'est dans l'analyse des facultés de l'homme, que la science doit chercher le germe des altérations qui les défigurent. D'un autre côté, l'examen des désordres de la folie est appelé à jeter par le contraste une vive lumière sur l'exercice des forces intellectuelles de notre nature. Cet examen nous apprend que l'homme moral est composé, comme l'homme physique, de membres distincts, de facultés diverses, et que chacune de ces facultés a ses maladies propres. Dans l'hallucination, c'est la faculté sensitive et créatrice d'images qui est lésée. Fait à la ressemblance de la Divinité, l'homme porte la trace de son auteur jusque sur ses infirmités et ses faiblesses. L'halluciné a voulu créer comme Dieu ; seulement, au lieu de faire des mondes, des réalités, des êtres, il a produit des chimères que son esprit égaré poursuit désormais dans les brouillards du délire.

Si la philosophie gagne à descendre sur le terrain des maladies mentales pour se faire une connaissance exacte de l'homme, il y a d'un autre côté avantage pour la science à s'élever vers la philosophie. Ce sont les doctrines du XVIIIe siècle qui dans la personne de Pinel ont créé la médecine des aliénés. La philosophie est destinée à exercer de nos jours une influence non moins décisive sur les progrès de cette science encore informe. Ce n'est pas seulement en tourmentant la matière morte qu'on découvrira les lois de la vie ; il y a dans l'analyse des maladies mentales en particulier tels points délicats que le scalpel seul n'atteindra jamais. Sans négliger l'observation des faits, la médecine a déjà entraîné une partie de la science médicale dans cette voie. S'il existe encore des médecins vraiment matérialistes, c'est-à-dire qui rapportent aux organes seuls la cause productrice de nos idées, ce n'est plus dans les régions élevées de la science qu'il faut les chercher. La lumière s'est faite à travers les ténèbres que l'esprit de système opposait froidement à la vérité. Ce n'est pas seulement dans l'analyse des désordres de la folie que le spiritualisme a changé depuis ces derniers temps les méthodes reçues, c'est aussi dans la pratique. Il devient de jour en jour plus manifeste que la première condition du traitement des aliénés est dans la connaissance du cœur humain.

Il ne faut pas maintenant que la science outrepasse les limites raisonnables du spiritualisme. Sans méconnaître le mérite des travaux publiés par un médecin recommandable, nous avons cru devoir nous élever contre une tendance qui ne va à rien moins qu'à confondre deux éléments incompatibles. La théologie n'a rien à voir dans la médecine. Des dogmes formidables que la raison ne doit pas même examiner ne sauraient entrer sous aucun prétexte dans le domaine de la science. La médecine physiologique s'appuie de nos jours sur le raisonnement, sur l'expérience, sur l'observation. Née, comme nous l'avons dit, du libre exercice de l'esprit humain, la science conserve avec la philosophie des liens étroits qu'elle ne peut rompre sans se déchirer elle-même. Tout en travaillant à se dégager du sensualisme qui a obscurci la fin du dernier siècle, la médecine des maladies mentales, en particulier, gardera la méthode sévère de l'examen qui, seule, dans l'ordre des idées comme dans celui des faits, peut conduire sûrement l'esprit à la vérité.

Alphonse Esquiros

DES IDIOTS ET DES TRAVAUX RÉCENTS SUR L'IDIOTIE

I. – DU SORT DES IDIOTS DANS LES TEMPS ANCIENS. – TRAVAUX MODERNES SUR L'IDIOTIE.

La médecine philosophique a fait, depuis un demi-siècle, des progrès remarquables ; en Angleterre, Willis et Chrichton ; en France, Pinel, Itard, Esquirol, ont assuré sa marche, agrandi et renouvelé son domaine. Les travaux de Gall ont ouvert la voie à l'anatomie morale, en traçant sur le cerveau une nouvelle physiologie de la pensée ; MM. Serres, Flourens, Leuret, Lelut, Foville, qui ont contredit ou continué les recherches du savant allemand, ont rappelé l'attention sur le siège de l'âme et sur les écarts du système nerveux. La médecine des maladies mentales compte aujourd'hui à sa tête des hommes supérieurs ; le problème du traitement de la folie a été posé sur des bases psychologiques, et on a vu surgir une réforme médicale qui se poursuit. Chaque jour, la science s'affermit dans cette direction féconde, et rarement les esprits se sont portés avec plus d'ardeur vers l'étude des phénomènes humains ; rarement aussi les graves questions que soulèvent les maladies de l'intelligence ont été l'objet de discussions à la fois plus vives et plus approfondies.

Déjà nous avons en occasion de signaler cette tendance philosophique de la médecine moderne. L'hallucination, cette forme extraordinaire des maladies de l'esprit, a été dans ces derniers temps étudiée sous ses aspects les plus divers. En cherchant à préciser les résultats qui avaient sur ce point couronné les efforts de la science, nous avons dû remonter aux causes de la maladie, en indiquer les formes. Nous avons montré l'esprit abusé par de fausses sensations, et courant, à la suite de cette erreur, vers les abîmes où la raison s'éteint. Il y a une autre maladie, ou, pour mieux dire, une infirmité de l'esprit qui excite aujourd'hui l'intérêt des savants et des penseurs : c'est l'idiotisme. Ici plus de désordres du principe intellectuel chez l'homme, mais l'atonie, mais la mort. Un tel engourdissement des facultés devait surtout préoccuper les observateurs moralistes : c'est dans l'état de privation qu'on peut le mieux étudier, par la nature même des contrastes, le mystère profond de l'intelligence humaine.

Supposez-vous tout à coup transporté au milieu d'une troupe d'êtres sans nom, dont les uns vous fuient avec les signes d'une folle terreur, dont les autres vous poursuivent avec une pétulance ridicule, tandis que la plupart s'affaissent tristement sous la chape de plomb de leur nullité morale ; à ces cris sauvages, à ces regards fixes, vous vous croiriez parmi des bêtes humaines : vous êtes dans une réunion d'idiots. Exposé indifféremment à toutes les intempéries des saisons, l'idiot ne sait pas réagir sur le monde extérieur : pauvre cerveau passif, pauvre jouet, il reçoit, si l'on n'y prend garde, le contact, que dis-je ? l'insulte de tout ce qui l'entoure. Incapable de se défendre contre les éléments, privé de destination sur le globe, simple apparence, simple chose, impuissant à choisir avec discernement entre le bien et le mal, il agit sans conscience, sans liberté : la loi humaine passe à côté de lui sans l'atteindre.

Tel est l'état de l'idiot avant que l'éducation entreprenne de le régénérer. Le tableau de ces difformités morales devait éloigner pour longtemps les regards de la bienfaisance. L'antiquité se souciait peu des êtres incomplets que la nature avait mis pour ainsi dire hors de la loi humaine ; elle ne leur reconnaissait même pas le droit de vivre. Les enfants infirmes passaient du sein de leur mère dans les ténèbres de l'éternelle nuit ; leur naissance était une calamité publique dont on se hâtait d'ensevelir la trace en les jetant au fond du Nil ou de l'Eurotas. Chez les Juifs, les enfants mal nés paraissent avoir été conservés dans les familles. On expliquait l'idiotisme comme la folie, par une cause surnaturelle : la superstition voyait des possédés du démon dans ces pauvres êtres dont toutes les facultés morales et intellectuelles semblaient enchaînées par une main invisible. L'Évangile nous présente un cas d'idiotisme, compliqué d'épilepsie, en la personne de cet enfant qui *tombait tantôt dans l'eau et tantôt dans le feu.*

Il appartenait au christianisme d'améliorer dans le monde la condition des faibles. Or, les idiots sont les faibles par excellence ; ils ont besoin de s'appuyer moralement sur tous ceux qui les entourent. On a dit des animaux : Quelqu'un a pensé pour eux. Il n'en est pas toujours de même des idiots : la nature n'a souvent rien prévu à leur égard. C'est donc aux hommes doués d'intelligence et de cœur qu'elle a commis la charge de veiller sur ces êtres incapables. La

Alphonse Esquiros

religion chrétienne n'eut point recours aux lumières de la science pour résoudre le problème de l'idiotisme ; elle fit pour les faibles d'intelligence ce qu'elle avait fait pour toutes les misères humaines : elle imagina de les couvrir du bonheur de la vie future. Profitant du mystère qui réside au fond de cette infirmité si peu connue, elle jeta en quelque sorte sur l'idiot le voile de la prédestination, pour le mettre à l'abri des dégoûts, du délaissement et de l'insulte. Le moyen-âge prit à la lettre ces mots du maître : Heureux les pauvres d'esprit ! C'était une faveur de la Providence, une bénédiction du ciel que d'avoir dans sa famille un de ces êtres innocents qui retournaient à Dieu sans avoir connu le fruit amer de la science ; on leur donna même en France un nom vulgaire[1] qui honorait leur situation morale en la rapprochant de cette simplicité à laquelle l'Évangile promet le bonheur. Erreur sacrée que celle qui protège la forme humaine jusque dans ses dégradations les plus profondes ! Comme toutes les erreurs, même utiles et respectables, le préjugé tutélaire qui distinguait l'idiot des autres hommes, en lui assurant le paradis, devait néanmoins disparaître du monde. Il s'attachait à ce préjugé une idée humiliante pour l'être qu'on déclarait ainsi incapable de conscience. C'est une des grandeurs de l'homme que de pouvoir encourir les effets de la colère divine. Le péché suppose le libre arbitre, le discernement du bien et du mal, toutes choses qui appartiennent à l'homme seul, et qui l'élèvent au-dessus de toute la nature. Aux yeux mêmes de la foi, le damné est grand, car il a dressé sa volonté contre celle du Créateur. La justice divine, comme la loi humaine, ne frappe que ceux dans lesquels elle reconnaît les traits et le caractère de l'homme ; elle ne fait pas aux autres l'honneur de les punir. On voit donc que les idées religieuses sauvaient l'idiot, mais ne le relevaient pas. Les pauvres d'esprit continuaient à passer devant la société comme des êtres sans caractère, auxquels le péché originel n'avait pas même été transmis, et qui, dans leur innocence, faisaient pitié aux hommes et à Dieu.

Le déclin des croyances devait effacer les traces de la protection que la charité chrétienne avait du moins étendue sur ces infirmes de l'intelligence ; les idiots auraient été une seconde fois délaissés,

---

1 Le terme de *crétin*, par lequel on désigne encore dans quelques provinces une des variétés de l'idiotie, dérive lui-même de *chrétien*, comme si l'on eût voulu dire « bon chrétien, chrétien par excellence. »

si la science ne fût venue à leur secours. La superstition est quelquefois plus humaine que le scepticisme. Quand se déchira le voile sous lequel les idées religieuses avaient enveloppé l'idiotisme, les misères physiques et morales de ce triste état reparurent dans toute leur nudité. Là où d'autres siècles avaient vu les signes d'une prédestination mystérieuse, la société moderne ne vit plus qu'un honteux abaissement. Souvent des familles poussèrent l'insensibilité jusqu'à se débarrasser d'enfants idiots en les jetant à l'entrée d'un bois ; ces enfants, abandonnés aux seules forces de l'instinct, prenaient les mœurs des bêtes errantes au milieu desquelles ils vivaient. Les annales du XVIe, du XVIIe et du XVIIIe siècle contiennent l'histoire de plusieurs de ces sauvages, qui, surpris dans une des forêts du royaume, excitaient vivement la curiosité publique. Les asiles et les hospices s'ouvraient bien, il est vraie pour les recevoir, car le christianisme avait gravé dans la conscience des peuples le respect de la vie, même sous les formes les plus incomplètes et les plus dégradées ; mais, confinés avec les plus vils animaux, les idiots piétinaient tout le jour sur une dalle immonde. On leur jetait la nourriture comme à des êtres privés de raison et de sentiment ; enterrés vivants, ils achevaient de perdre dans l'isolement et l'ennui les derniers vestiges d'entendement humain que la nature leur avait laissés. Morts avant d'être nés à l'intelligence, ils trouvaient dans la réclusion de l'hospice un avant-goût amer de la sépulture.

La médecine morale pouvait seule changer la condition de ces pauvres infirmes en les relevant de leurs ténèbres et de leur avilissement. Il fallait qu'un savant, un médecin, essayât de rétablir dans l'idiot, être incomplet, défiguré, sans nom, la ressemblance de l'homme et l'image de la Divinité. Ce savant se rencontra ; ce fat le docteur Itard.

On était au commencement du XIXe siècle : la philosophie, d'accord avec la science, renversait de toutes parts les barrières derrière lesquelles l'opinion isolait autrefois les inégalités humaines. Enfant de la révolution, dont il partageait les idées fortes et généreuses, Itard avait assisté aux grands travaux de Pinel, de l'abbé Sicard et d'Haüy. Il avait vu des infirmités cruelles, regardées longtemps comme incurables, s'effacer, dans certains cas, sous l'influence du traitement moral ou sous la main de l'éducation.

Alphonse Esquiros

L'idiot seul devait-il demeurer sans consolateur et sans guide au milieu du mouvement de la science qui amenait les sourds à l'entendement et les aveugles à la lumière ? Cette question flottait peut-être dans l'esprit d'Itard, quand une circonstance se présenta, qui lui fournit les moyens d'éclairer ses doutes. Un enfant de onze à douze ans avait été entrevu, depuis quelques années, dans les bois de la Caune. Entièrement nu, faisant sa nourriture des glands et des racines qu'il ramassait, cet enfant menait la vie d'un sauvage. Vers la fin de l'an VII, rencontré par des chasseurs, qui le saisirent au moment où il grimpait sur un arbre pour se soustraire à leur poursuite, il fut conduit dans un hameau du voisinage et confié à la garde d'une veuve. Au bout d'une semaine, le sauvage s'évada et gagna les montagnes, où il reprit sa vie errante. Un jour, il entra de son propre mouvement dans une maison habitée du canton de Saint-Sernin ; transféré alors d'hospice en hospice, il fut amené à Paris. Sa réputation l'avait devancé, et, dans les premiers temps, les visiteurs affluèrent. La littérature du XVIIIe siècle avait mis les sauvages à la mode. Les beaux esprits et les femmes comptaient sur un prodige ; au lieu de cela, que vit-on ? Un enfant malpropre, maussade, farouche, mordant et égratignant ceux qui le contrariaient. Pinel visita le prétendu sauvage : il établit entre l'état de ce malheureux et celui des idiots de Bicêtre des rapprochements incontestables. L'intérêt des gens du monde se retira de jour en jour, et notre infortuné expia bientôt par un délaissement absolu le crime d'avoir trompé la curiosité publique. C'est dans un aussi triste état qu'Itard, médecin de l'institution des Sourds-Muets, rencontra cet enfant à l'établissement de la rue Saint-Jacques, où on l'avait confiné ; c'est alors qu'il entreprit de le rendre par l'éducation à la vie de la société.

La médecine commençait à entrer dans des voies philosophiques ; c'était à elle qu'il convenait de tracer un cadre d'études pour cet enfant singulier que la nature et le hasard des circonstances semblaient avoir mis en dehors de toutes les lois communes. Itard, homme de grand sens, comprit en effet qu'il ne pouvait appliquer à l'éducation de son élève les systèmes ordinaires de l'enseignement des écoles. Une méthode était à créer ; il la créa. On n'assiste pas sans un intérêt profond à la lutte que le courageux Itard engagea avec des résistances physiques et morales regardées avant lui comme insurmontables. Il faut moins chercher dans les *Mémoires sur le sauvage de l'Aveyron*, l'histoire d'une éducation exceptionnelle qu'un exposé fidèle des ressources et des moyens applicables à toute une classe d'êtres déshérités ; Itard jetait les fondements d'une méthode pour l'éducation des idiots, au moment où il ne croyait travailler que sur une organisation rebelle et ingrate. Ce qu'il porta de patience et de génie dans cette tâche obscure est vraiment merveilleux ; les artifices qu'il dut inventer à chaque obstacle nouveau lui ont été empruntés dans ces derniers temps avec plus ou moins de bonheur, mais ils n'ont jamais été dépassés. Rien n'a manqué à l'expérience du docteur Itard que le succès.

Attacher le sauvage de l'Aveyron à la vie sociale, réveiller chez lui la sensibilité nerveuse, étendre la sphère de ses idées, le conduire à l'usage de la parole, tel est en peu de mots le programme qu'Itard s'était tracé. Le premier, le plus grave des obstacles que rencontrait ce programme était l'indifférence complète de l'élève pour tout ce qui dépassait l'étroite sphère des besoins physiques. A force de douceur et de patience, Itard parvint à lui inspirer quelque goût pour les jouissances factices de la civilisation. Le maître fit ensuite l'éducation de chaque sens. Cet homme, qui vivait comme aveugle et sourd au milieu des autres hommes, apprit à voir, à écouter, à distinguer les odeurs et les diverses impressions du toucher. D'insensible qu'il était aux tendres affections de l'âme, il devint de jour en jour plus caressant, plus attaché à son maître. Où les efforts d'Itard échouèrent presque absolument, ce fut dans l'enseignement de la parole. Le docteur parvint cependant à donner à son élève une idée de la valeur conventionnelle des signes écrits. Avec quelle peine de telles notions se gravèrent une à une dans le cerveau de ce malheureux, c'est ce qu'il est facile d'imaginer. Itard croyait-il avoir communiqué, par exemple, au sauvage l'idée générale du mot *livre*, il se trouvait que celui-ci n'en faisait l'application qu'à un seul volume de couverture rose, qui était dans sa chambre. Tout livre qui n'était pas celui qu'il avait dans sa chambre n'était pas un livre pour l'idiot. Il fallut alors créer chez lui l'art des rapprochements. Au milieu de ces obstacles multipliés, Itard était quelquefois tout près de regretter tant de soins inutiles et douloureux. Avec quel serrement de cœur on suit la marche du maître à travers les angoisses de cette instruction lente et difficile ! Comme on partage

Alphonse Esquiros

ses découragements amers, au moment où, après plusieurs mois d'exercice, croyant avoir *saisi par les cheveux* l'intelligence de son élève, il la sentait passer comme une ombre à côté des leçons les plus simples et méconnaître la valeur mille fois répétée des signes usuels ! Ces espérances déçues, cette trame de Pénélope qui se défaisait sans cesse sous ses doigts, rien ne rebuta la patience stoïque du docteur. Nouvel alchimiste, il avait entrepris de faire un homme au moral et de remanier les conditions primitives de la vie. Accuser ici de l'insuffisance des résultats, avec quelques auteurs modernes, la philosophie du dernier siècle, c'est méconnaître le véritable nœud de la difficulté : Itard a fait pour le sauvage de l'Aveyron tout ce que l'art pouvait faire, et si, après avoir modifié notablement l'état intellectuel et physique de cet être bizarre, il s'arrêta, c'est que la nature lui a manqué. On comprend toutefois que cette belle tentative, aboutissant à un résultat incomplet, ne put déterminer une révolution immédiate dans le traitement des idiots ; c'était un germe qui avait besoin d'être fécondé par d'autres expériences avant d'éclore. Le principe du moins sur lequel devait s'établir une éducation méthodique des idiots était jeté : l'étude des caractères physiologiques doit tracer la direction de l'enseignement dans tous les cas exceptionnel où l'insuffisance des aptitudes intellectuelles rend impossible l'emploi des méthodes ordinaires.

A la même époque, un autre médecin justement célèbre, un enfant de la Savoie, Fodéré, tournait ses recherches vers les crétins qui occupent les vallées étroites enclavées dans la chaîne des Alpes. Le crétinisme est un mal pour ainsi dire géographique, lié à l'action des causes extérieures, comme l'humidité ou la pesanteur de l'atmosphère ; il se reproduit par l'hérédité dans tous les pays de montagnes où il a fait quelques premières victimes. Dans son important *Traité du crétinisme*, Fodéré avait surtout en vue d'établir l'influence des climats sur l'entendement humain. Quoique son travail portât sur les circonstances locales qui maintiennent et communiquent le germe du crétinisme, l'habile observateur laissait entrevoir la possibilité d'une éducation pour les crétins. Il ne doutait pas qu'on ne parvînt à les rendre utiles, et même à améliorer leur condition, en les appliquant aux travaux des champs ou de l'industrie rurale. L'attention, un instant soulevée par les écrits d'Itard et de Fodéré, ne se soutint pas : de 1802 à 1824, nous rencontrons une lacune dans les travaux relatifs à l'idiotisme. Pinel et Esquirol, qui ont tant fait pour le sort des aliénés, négligèrent le traitement des idiots ; leur imposante autorité ne fit même que confirmer l'anathème médical qui pesait sur ces excommuniés de naissance. C'est pourtant de la Salpêtrière, où pratiquait alors M. Esquirol, que partirent de nouveau quelques étincelles de sollicitude en faveur de ces pauvres infirmes. Un jeune médecin, M. Belhomme, fit paraître dans un mémoire sur *l'idiotie* les observations qu'il avait recueillies à cet hospice. L'auteur affichait des prétentions modestes : croyant qu'on pouvait bien traiter, mais non guérir, une infirmité congéniale, il se bornait à proposer quelques moyens pour améliorer le sort des idiots, en développant chez eux le peu de facultés qu'ils ont reçu de la nature. Les voies qu'il indique pour atteindre ce résultat sont *l'habitude* et *l'imitation*. M. Belhomme décrivait en outre quelques cas particuliers d'idiotie, suivis d'un classement et de recherches cadavériques. A l'époque où il parut, ce mémoire avait du moins le mérite de rappeler l'attention sur les idiots, depuis si longtemps délaissés dans nos hospices.

Il faut arriver à 1831 pour découvrir les traces d'une instruction pratique donnée aux idiots dans l'un de nos établissements charitables M. Falret, chargé à la Salpêtrière d'un service d'idiotes, d'imbéciles et d'aliénées chroniques, réunissait à ses frais quatre-vingts élèves dans une école commune, où une institutrice leur donnait ses soins. Les résultats ne furent pas les mêmes pour tous les degrés de l'idiotie ; le traitement mis en usage eut principalement de l'action sur les imbéciles, c'est-à-dire sur celles qui avaient retenu quelques traits de l'humanité. M. Falret avait surtout en vue de les rendre utiles à elles-mêmes et à l'hospice. Presque toutes apprirent, quoique inégalement, à lire, à écrire et à coudre. Elles se distribuaient entre elles d'autres ouvrages de service. L'éducation morale et religieuse ne fut pas négligée : elles assistaient à l'office et s'y faisaient même remarquer par une tenue décente ; parmi ces idiotes presque régénérées, quelques-unes parurent assez éclairées à l'aumônier de la maison pour qu'il les admît à la sainte table. Leurs camarades que l'éducation avait rendues affectueuses, les voyaient faire leur première communion avec des larmes d'attendrissement et témoignaient le désir d'être jugées dignes du même honneur. Le souvenir du docteur Falret ne se reporte pas sans émotion à ces premières années de son service : des succès moins éclatants que solides couronnèrent alors une tentative toute silencieuse et demeurée longtemps dans l'oubli. L'état physique et moral, des imbéciles s'améliora sensiblement sous ce nouveau régime ; leur intelligence, jusque-là stérile, s'ouvrit pour recevoir les germes de l'instruction élémentaire, en même temps que leurs doigts se formaient aux travaux d'aiguille. La méthode suivie sous la direction du docteur Falret ne différait de la méthode employée à l'égard des enfants ordinaires que par une intensité plus grande de moyens appropriés à la faiblesse d'esprit de ces élèves exceptionnels. Il savait mettre dans le commandement une sévérité que tempérait à propos la bienveillance, fixer vivement ses leçons dans la mémoire des élèves inattentives, exiger d'elles la répétition constante des mêmes actes. Cette méthode si simple a été louée dernièrement, dans un rapport à l'administration des hospices, par un homme qui s'y connaît, M. Lélut. L'art d'élever les idiots et les imbéciles n'est pas, comme on a voulu le faire croire depuis, un art occulte. Si les essais du docteur Falret en faveur de la rédemption morale des infirmes ont, malgré les résultats obtenus, trouvé dans ce temps-là peu de retentissement, c'est une raison de plus pour leur restituer ici le rang qui leur appartient. Le premier dans un service de filles idiotes, il entreprit de briser le sceau de la bête sur le front de ces êtres disgraciés par la nature. Depuis la tentative bizarre et isolée du docteur Itard, depuis les écrits trop peu remarqués de M. Belhomme, c'était un nouveau pas que faisait la médecine des idiots.

Vers le même temps (1828 à 1832), l'hospice de Bicêtre était le théâtre de réformes et de tentatives où se révélait une tendance analogue à celle qui animait M. Falret. M. Ferrus, médecin en chef, sépara les idiots des maniaques, dont ils subissaient, dans l'intérieur de son service, le voisinage odieux et les emportements. Après avoir obtenu pour eux un dortoir et quelques soins, il les réunit durant la journée aux groupes de travailleurs qui cultivaient la terre. Secondé par un infirmier intelligent, il fit même sur une douzaine d'enfants idiots quelques essais d'éducation qui modifièrent plus ou moins leur infirmité. Marchant sur les traces de M. Ferrus, M. Félix Voisin, aujourd'hui médecin en chef d'une division des aliénés de Bicêtre, proclamait dès 1830 que l'idiotie n'est point incurable à tous les degrés. M. Voisin était amené à cette conviction par la phrénologie et par l'étude pratique des maladies nerveuses : il établit parmi les idiots, ou, pour adopter son expression, parmi les êtres imparfaits, des divisions fondées sur le système de Spürzheim, qui distribue les facultés humaines en trois groupes isolés : les pouvoirs instinctifs, moraux et intellectuels. Agrandissant par ce nouveau point de vue le cadre ordinaire de l'idiotie, il admit des altérations partielles dans les instincts, dans les sentiments ou dans l'intelligence ; tel se montre idiot, c'est-à-dire incomplet, vis-à-vis du calcul ou du dessin, qui ne le serait pas vis-à-vis d'un autre ordre de connaissances. Le traitement venait se calquer sur cette idée physiologique : il consistait à choisir dans l'entendement des enfants regardés comme incurables les surfaces les moins lésées pour les mettre en rapport avec le monde extérieur et avec la société. Passant de la théorie à l'application, M. Voisin créa en 1834 un institut *ortophrénique* pour le redressement des caractères et des intelligences déviés. Cet établissement devait recevoir, au nombre de ses élèves, outre des idiots proprement dits, tous les enfants qui sortent de la ligne moyenne, et qui, par des excentricités quelconques, se placent au-dessus ou au-dessous des proportions ordinaires de l'humanité. Le fondateur avait été saisi de cette idée, que certains sujets, largement doués par la nature, tournent, faute de direction, leur puissance contre l'ordre général de la société, et deviennent quelquefois, sous l'empire des circonstances, des êtres dangereux. Il espérait qu'en tenant acte, dans le jeune âge, de leurs facultés et de leurs sentiments, en faisant, pour ainsi dire, le tour de ces organisations faibles ou excessives, l'éducation arriverait à les assurer contre elles-mêmes et contre les influences extérieures. Les bases morales de cet établissement furent dénoncées comme dangereuses et subversives dans un mémoire adressé à l'Académie des Sciences. L'auteur de ce mémoire, lu le 7 février 1835, était, qui le croirait ? M. Népomucène Lemercier. Esprit droit, mais ombrageux, ce poète distingué n'aimait pas à voir la médecine physiologique intervenir dans le perfectionnement de l'espèce humaine. Il craignait surtout qu'elle ne déposât dans l'éducation un levain de matérialisme. M. Voisin répondit à cette attaque imprévue ; reconnaissant toutefois

Alphonse Esquiros

que l'opinion n'était pas encore mûre pour son œuvre naissante, il se contenta d'organiser un service et une école d'enfans idiots dans l'hospice de la rue de Sèvres.

C'est là seulement qu'on peut aujourd'hui chercher des résultats. Le 1er octobre 1841, le conseil général des hospices adjoignit au docteur Voisin, pour instruire les jeunes idiots de l'hospice des Incurables, un homme actif et remuant, M. Édouard Séguin. Ce nouveau maître se pénétra des précédents travaux qui formaient, comme nous venons de le voir, la chaîne de la tradition scientifique. A Itard il emprunta l'idée d'une éducation des sens, à M. Esquirol la nature des observations qu'il convient de faire sur les malades de l'intelligence, à M. Leuret les grandes et sévères leçons du traitement moral. Il y ajouta un esprit inventif dans les moyens et une volonté tenace. Les premiers essais qu'il tenta sur les idiots de l'hospice des Incurables firent assez bien augurer de ses talents et de sa méthode. Il réussit, après cinq ou six mois, à régler leurs mouvements, à créer ou à développer chez quelques-uns l'articulation de la parole, à leur donner des notions, bien bornées sans doute, de la couleur, du nombre et de l'écriture. Soustraits aux malignes influences de l'oisiveté et de la solitude, ces enfants consacrèrent à quelques travaux manuels les heures qu'ils passaient loin de la classe. S'ils n'étaient pas encore utiles, ils avaient du moins le désir de l'être. Leur caractère moral se perfectionna ; ils devinrent plus soumis, plus affectueux. Cette expérience n'ajouta aucun résultat nouveau à ceux qu'avait déjà recueillis la science ; mais elle donna aux médecins plus de confiance vis-à-vis des redoutables obstacles qu'il s'agissait de vaincre. On dut reconnaître que l'idiotisme ne présentait pas cette immobilité dans le néant dont on l'avait cru frappé. Si les élèves de l'hospice des Incurables avaient fait quelques progrès grâce à une éducation de courte durée, il était raisonnable d'espérer de plus grands résultats dans l'avenir.

En 1842, le conseil général des hospices, cédant aux instances éclairées des deux médecins en chef de Bicêtre, MM. Voisin et Leuret, qui réclamaient depuis longtemps le bienfait d'une éducation particulière au nom d'une classe de malades presque oubliée jusque-là dans cet établissement public, autorisa la fondation d'une école pour les jeunes idiots. A raison de ses heureux précédents, M. Édouard Séguin y fut installé avec le titre d'instituteur. Je visitai cette école en 1843. Ma première impression fut alors toute favorable à M. Séguin et à sa méthode. Les leçons auxquelles j'assistai me parurent ingénieusement conduites. Je vis les enfants se livrer avec assez d'ardeur à des exercices gymnastiques, répéter sous le commandement de leur maître des mouvements et des gestes qui développaient chez eux l'instinct imitateur, assembler des lettres de plomb pour former ou épeler des mots, dire le nom de quelques figures géométriques, mesurer à l'œil les longueurs sur des morceaux de bois, tracer eux-mêmes des lignes au crayon sur le tableau. L'embarras ne consistait pour l'observateur que dans les moyens de contrôle. Quel était le degré d'idiotie de ces différents élèves ? Une connaissance personnelle de leur état avant toute éducation aurait pu seule prononcer sur la portée du succès obtenu par M. Séguin. Le doute, un doute bienveillant planait donc malgré moi non sur la méthode, mais sur les heureux résultats que l'instituteur mettait pour ainsi dire en spectacle En effet, pour peu que l'on décomposât, par des recherches attentives, la population infirme confiée aux soins de M. Séguin, on pouvait se convaincre que les idiots y étaient confondus avec des épileptiques et de jeunes aliénés.

Les trois infirmités que je viens de nommer, et qu'on s'étonnera peut-être de trouver réunies sous une seule discipline, ne présentaient pas toutes les mêmes obstacles à l'action de l'instituteur. Les attaques d'épilepsie laissent dans l'esprit de leurs victimes un obscurcissement passager ; à mesure que la crise s'éloigne, les facultés intellectuelles reparaissent à peu près intactes. Les enfants aliénés trouvent bien dans l'objet de leur délire une distraction aux influences de l'enseignement ordinaire ; mais, sauf un petit nombre de cas, leur entendement est plutôt troublé qu'anéanti. Restent les enfants idiots, arriérés ou imbéciles, que la méthode de M. Séguin devait surtout atteindre, pour sortir victorieuse de l'épreuve. L'Académie des Sciences morales, qui va au-devant de toutes les idées utiles, voulut juger par elle-même de la nature des faits et des résultats obtenus ; elle nomma pour cette mission deux hommes dont le caractère honorable et les lumières défient toute critique : c'étaient MM. Charles de Rémusat et Villermé. N'étant pas d'humeur à laisser surprendre leur approbation, les deux commissaires durent exiger quelques renseignements précis sur l'état antérieur des malheureux enfants qu'instruisait M. Séguin. De tels élèves ne pouvaient en quelque sorte être comparés qu'à eux-mêmes ; il était indispensable de connaître exactement leur point de départ pour apprécier les effets de la méthode. Des documents exacts n'ayant pu être fournis, le travail de M. Charles de Rémusat fut ajourné. M. Séguin dut se contenter alors d'un rapport de M. Pariset à l'Académie de Médecine, rapport favorable, il est vrai, mais qui ne va pas assez au fond des choses. Au milieu de ces retards, motivés par une défiance bien légitime, l'école passa sous la direction d'un autre instituteur, M. Valée.

Les témoignages d'hommes graves, tout-à-fait désintéressés dans la question, ne sont pas, je dois le dire, entièrement favorables à M. Séguin. Il paraît que, sur une population mêlée, l'instituteur avait fait choix des enfants moins maltraités dans leur intelligence. Ses soins cultivaient surtout les élèves dont les progrès, tracés d'avance par la nature, pouvaient le plus sûrement éveiller chez les visiteurs une admiration confiante. Son enseignement descendit peu, du moins à Bicêtre,[1] vers les régions extrêmes de l'idiotie, ou, dans tous les cas, ce fut sans beaucoup de succès. A Dieu ne plaise que je refuse cependant une valeur réelle aux courageux efforts de M. Séguin ! Auteur depuis 1842 de différents écrits qu'il vient de réunir et de compléter tout dernièrement en un corps d'ouvrage, il a su indiquer un système d'éducation assez heureusement applicable aux défauts et aux infirmités de naissance. Pourquoi faut-il qu'un ton sec, tranchant, hargneux, froisse et déconcerte à chaque page de son livre la sympathie qui commençait à naître ? Heureusement pour M. Séguin, ses travaux valent mieux que la forme dont il les a revêtus, et, si les résultats obtenus par lui restent quelque peu au-dessous de ses promesses, du moins ne sont-ils plus de ceux qu'on passe sous silence.

Pour ne rien négliger de ce qui peut servir à préciser l'état actuel de la science vis-à-vis des idiots, et pour rendre strictement à chacun selon ses œuvres, il faut encore mentionner les beaux travaux de M. le docteur Foville sur les déformations du crâne et sur les altérations intérieures du siège de nos facultés. Éclairés maintenant sur ce que

---

1 Je tiens d'un médecin fort distingué et très compétent que M. Séguin se serait livré hors de l'hospice au traitement de véritables idiots dont il aurait amélioré la situation. C'est surtout là qu'il aurait fait preuve d'un esprit inventeur.

DES IDIOTS ET DES TRAVAUX RÉCENTS SUR L'IDIOTIE

la médecine a fait pour préparer le traitement de l'idiotie, entrons dans l'étude des phénomènes de cette mystérieuse infirmité. Au seuil de cet enfer moral, où la nature intelligente perd tout à coup ses attributs, il faut que l'homme s'arme d'un certain courage et se couvre en quelque sorte d'une charité plus grande que tous les abaissements, s'il ne veut point rougir devant son image dégradée.

II. – IDÉE DE L'IDIOTIE. – CARACTÈRES PHYSIOLOGIQUES DE L'IDIOT.

Il y a entre l'idiotie et les maladies purement physiques une limite nettement tracée par la nature. En voyant la fraîcheur attristante et la constitution robuste de quelques jeunes imbéciles, il nous est arrivé plus d'une fois de comparer tacitement leur état de santé extérieure à la vieillesse maladive de certains grands hommes, le cardinal de Richelieu par exemple, dont le demi-cadavre dictait encore des lois à l'univers. Tant que le cerveau est sain, l'être intelligent peut bien souffrir, mais il ne descend pas. L'idiotie se rapproche-t-elle davantage des maladies mentales proprement dites ? Comme les fous, ces intelligences blessées, ont été souvent confondus dans nos hospices avec les imbéciles, il n'est pas inutile de noter, en passant, les traits qui les séparent. Si l'on peut définir l'aliéné par ces mots de Dante : *Che hanperduto il ben del intelletto* (des hommes qui ont perdu le bien de l'intelligence), on peut définir l'idiot : un être qui n'a jamais rien perdu, car il n'a jamais rien possédé. La seule forme d'aliénation mentale à laquelle on puisse comparer l'idiotie, c'est la démence. Toutefois la démence, ce dernier terme du délire qui présente souvent au premier abord la morne figure de l'hébétement, entraîne l'abolition des actes de l'entendement humain, tandis que l'idiotie en est la privation native. Chez l'homme abaissé par la démence, les idées ne sont pas toutes éteintes : quelques pâles éclairs viennent de temps en temps sillonner ce triste tombeau de la raison, tandis que chez l'idiot il fait nuit moralement, toujours nuit.

Il existe une première division de l'idiotie, fondée sur une simple différence de temps : cette infirmité est tantôt antérieure et tantôt postérieure à la naissance. Dans le premier cas, selon M. Séguin, c'est l'idiotie proprement dite ; dans le second, l'imbécillité.

Une réunion d'enfants idiots et imbéciles présente un triste assemblage de difformités physiques et morales. Cette infirmité mère traîne à sa suite un hideux cortège de maux, toutes les misères de l'esprit, du cœur et de l'organisation. Pour mettre de l'ordre dans un tel désordre, il nous faut ramener l'idiotie à un plan général et trouver une loi de la nature au milieu de ce renversement de toutes les lois. Faute d'une telle vite d'ensemble, la classification de l'idiotie ne présente encore que ténèbres. Nous croyons que, pour arriver désormais à des résultats précis, il faut établir une série de rapprochements entre les divers degrés de cette infirmité et d'autres états analogues. Il se passe moralement, dans les cas d'idiotie, ce qui a lieu dans les cas si nombreux de monstruosité, où la nature se reporte fatalement en arrière et revient, pour ainsi dire, sur ses traces. Ce ne sont plus ici seulement les formes organiques, ce sont encore toutes les manifestations de l'être qui se trouvent ramenées chez l'homme vers des conditions étrangères à son espèce. Rechercher, dans tous les faits d'idiotie, la cause de cette marche rétrograde du principe fécondant serait une entreprise inaccessible à l'état actuel de nos connaissances. La nature se plaît, dans toute la série animale, à ces mouvements rétrospectifs, dont l'intention nous échappe, mais qui ont pour résultat constant de faire redescendre la force créatrice vers les étages inférieurs de la vie. Cette loi des formations incomplètes, qu'il faut admettre sans chercher à la discuter, est la seule qui rende raison, selon nous, des phénomènes si étranges et si mystérieux de l'idiotie. A quelque degré et sous quelque face que nous le prenions, l'idiot est un être arrêté, une ébauche d'homme. La conséquence nécessaire de son imperfection est de le rabaisser au-dessous du rang qu'il devrait tenir dans la création ou dans la société, et, en effet, il n'y a guère de cas d'idiotie qui échappe, par l'ensemble de ses caractères, à l'un de ces trois termes de comparaison : l'état d'enfance, — les diverses classes du règne animal, — les degrés inférieurs de l'échelle des races humaines.

Le retour d'un individu de la race blanche vers les conditions physiques et morales des races inférieures constitue le premier degré de l'idiotie, ou, en d'autres termes, l'*imbécillité*. On n'a jamais vu un Mongol avoir les mêmes idées, les mêmes traces de dispositions natives, qu'un Français ou un Italien. En descendant l'échelle des populations qui couvrent la surface de la terre, on arriverait ainsi à reconnaître que l'infériorité de certaines races constitue vis-à-vis de l'état plus élevé de certaines autres des idioties relatives. Les imbéciles se montrent, sous ce nouveau point de vue, des êtres auxquels le germe de la civilisation au milieu de laquelle ils sont nés n'a point été transmis.

Les rapports qui unissent chez nous les infirmes aux hommes des races dégradées sont innombrables : nous en choisirons seulement quelques-uns. Le retour aux races noires ou basanées se manifeste quelquefois jusque dans le ton de la peau ; les crétins, les imbéciles, l'ont assez souvent dure, olivâtre, ou même tout-à-fait brune. La main, revêtue d'une enveloppe rugueuse et inégale, ne donne, comme chez les nègres, qu'un toucher imparfait. Les cheveux, ordinairement courts, noirs et crépus, les rapprochent encore de la race éthiopique ; d'autres fois, ils sont fins et rares, comme ceux des Malais. Le front comprimé, le nez aplati à sa racine, les lèvres épaisses, les yeux fuyants et relevés aux coins, les mâchoires avancées, autant de caractères qui dessinent les types dégradés de l'espèce humaine, et qui peuvent également servir à tracer la physionomie générale de l'imbécillité. Une autre circonstance vient compléter le rapprochement : à mesure que l'on s'éloigne de la race caucasique, on voit la tête se renfoncer dans les épaules, les jambes et les bras s'étendre ; on arrive ainsi jusqu'aux singes, dans lesquels la disproportion du cou et des extrémités tactiles est poussée jusqu'à ses dernières limites. Les crétins ont de même le cou volumineux et court ; les imbéciles, surtout les rachitiques, ont généralement les bras très longs ; le coude, qui, dans la race caucasique, correspond au niveau du bassin, descend chez eux, comme chez les nègres, beaucoup plus bas. L'histoire nous a conservé, dans la personne d'Artaxercès, dont l'extrémité des mains atteignait le genou, l'exemple d'un de ces retours à l'animalité, si fréquents dans les races anciennes de l'Asie.

La sensibilité est très obtuse chez les crétins et les imbéciles ; ils ne craignent ni le froid, ni le chaud, ni les tortures auxquelles nul autre ne résisterait. Le sauvage de l'Aveyron errait durant les froids les plus rigoureux de l'hiver, revêcu d'une chemise en lambeaux. On a trouvé de ces malheureux qui, mutilés par les rats, n'avaient

Alphonse Esquiros

pas la conscience de la douleur et ne semblaient nullement s'émouvoir de leur triste état. Une telle indifférence physique établit un nouveau point de contact entre l'imbécile et les hommes des races inférieures. La délicatesse nerveuse croît dans le genre humain avec le développement de l'intelligence et du bien-être. La nature proportionne, au contraire, le degré d'insensibilité des êtres à leur abaissement, à leur incapacité de réagir sur les fléaux du monde extérieur. Les horribles traitements qu'endure la race noire, presque sur toute la terre, seraient insupportable aux habitants de nos pays civilisés. A la paresse des sensations se lie, dans les races dégradées, un état habituel de langueur, un éloignement presque invincible pour le travail. On connaît l'humeur apathique des noirs et des indigènes du Nouveau-Monde. C'est pour remédier à cette indolence naturelle que les sauvages, comme nos imbéciles, recherchent quelquefois par instinct l'excitation des liqueurs fortes. Le besoin secret qu'ils éprouvent de tirer d'une opiniâtre léthargie l'organe du goût aiguillonne encore chez eux le fatal penchant à l'ivrognerie. A cette insensibilité générale se rattache en outre, chez les femmes, l'accouchement facile, presque exempt de douleurs. Les femmes botocudes se délivrent elles-mêmes sur le bord d'un ruisseau ; après s'être baignées, elles vont rejoindre leur tribu, et reprennent aussitôt les travaux du ménage. Les filles imbéciles qui entrent à la Salpêtrière dans un état de grossesse accouchent de même sans travail et, pour ainsi dire, sans s «apercevoir d'aucune souffrance.

La nature se montre, chez les imbéciles comme chez les sauvages, dans une complète indépendance : les instincts, délivrés du joug de la volonté comme de la raison, exercent une autorité souveraine ; la puberté est ardente et précoce. On a reçu plus d'une fois à la Salpêtrière des jeunes filles, privées d'intelligence, dont les familles se débarrassaient, ne pouvant plus les surveiller : ces malheureuses poursuivaient indistinctement tous les hommes. Le gonflement du ventre, ce signe caractéristique des races arriérées, se rencontre très ordinairement chez les imbéciles et les crétins ; aussi la plupart d'entre eux vivent-ils sous la dépendance de leur organe digestif ; on remarque chez ces pauvres êtres une voracité vraiment bestiale. Dans chacune des quatre grandes races primitives, il existe un tempérament particulier qui ramène à soi toutes les manifestations intellectuelles ou morales des hommes d'une même couleur. Cette influence énorme du tempérament propre à chaque race, qui se montre prépondérante chez le sauvage et que le croisement atténue dans les sociétés civilisées, se reproduit chez l'imbécile avec toute l'énergie d'une cause indépendante. Lymphatique, il sera doux, triste, larmoyant ; sanguin, il se montrera au contraire violent, irritable ; bilieux, il manifestera de l'inquiétude, de l'entêtement, de l'affection et des instincts colériques ; la prédominance des systèmes nerveux et musculaire entraînera chez lui le besoin de mouvement, d'activité, d'agitation. Un des écarts les plus singuliers du système nerveux chez les idiots est un balancement du corps qui va d'avant en arrière ou de droite à gauche. Je me suis souvent arrêté à regarder, dans les dortoirs de nos hospices, les enfants qui exécutaient, sans s'inquiéter de ma présence, ce mouvement mécanique. J'avais vu autrefois l'orang-outang de la ménagerie se livrer au même exercice. Niebuhr a observé que, dans tout l'Orient, les enfants se balancent continuellement au milieu de leurs salles d'étude ; il paraît que les Juifs agitent de même leur tête en chantant dans les synagogues. Ce ne sont pas seulement les gestes, ce sont les accents mêmes de l'idiot qui rappellent les familles arriérées de l'espèce humaine. L'idiot qui ne parle pas laisse échapper par moments des sons gutturaux et uniformes qui ont quelques rapports avec les articulations de certaines langues éthiopiques. Ces rapprochements suffisent à démontrer qu'il existe une relation entre les faits qui déterminent, dans la nature, l'imbécillité de naissance et ceux qui établissent des infériorités de développement dans les différents groupes de l'espèce humaine.

L'imbécillité étant considérée, dans la race blanche ou caucasique, comme un affaiblissement de la civilisation, on se demande ce que ce premier degré de l'idiotie doit être chez les races dégradées. Les voyageurs nous ont transmis peu de faits remarquables sur l'état des êtres disgraciés chez les peuples sauvages ou barbares. De tels idiots doivent en effet peu trancher sur le reste de la population. Les exceptions en plus ou en moins augmentent chez l'homme avec le progrès des races. L'idiotie est une infirmité propre au roi de la création : elle ne se retrouve pas chez les animaux. Par la même raison, plus le niveau de la société s'abaisse avec les dégradations de la race, moins doivent être apparentes, dans l'espèce humaine, les inégalités particulières de l'intelligence. Quelques observations, recueillies par un savant distingué, nous portent à croire que la nature maintient néanmoins, dans les rares faits d'imbécillité chez les races inférieures, la curieuse loi de persistance des types qu'elle développe en grand dans la série animale. Des cas d'anomalie ou de monstruosité n'élèvent jamais un être au-dessus de son espèce ou de sa race, elles le font constamment descendre d'un degré vers les espèces ou les races inférieures. Si donc l'imbécillité existe chez quelques hommes sauvages, elle doit se rapprocher, par les formes, du second degré de l'idiotie, de celui que nous allons précisément décrire.

Nous avons vu les caractères des races inférieures reparaître chez *l'imbécile* ; c'est encore trop : nous allons rencontrer chez le véritable *idiot* de plus tristes ressemblances ; l'homme va devenir le fantôme de la bête. C'est ici que la marche rétrograde de la nature se montre dans toute sa sombre énergie. On remarquera cependant qu'il n'existe point dans l'idiotie, non plus que dans le règne animal, une série linéaire de déformations : les caractères de l'homme ne s'abaissent pas tous à la fois ; nous retrouvons chez les sujets les plus abrutis quelques facultés intactes et des fonctions respectées, tandis que d'autres ressorts de la vie sont entièrement ramenés chez eux aux conditions de l'animalité : d'où il résulte qu'on ne peut prendre aucun organe, pas même le cerveau, comme terme de comparaison, pour mesurer le degré d'abaissement de chaque idiot. Toute anomalie chez ces êtres dégradés n'en a pas moins son analogue dans une des couches de la série animale. Il y a des idiots qu'on touche, qu'on pince même sans qu'ils s'en aperçoivent ; cette insensibilité tactile est un retour aux pachydermes. Le retard dans la seconde dentition, si ordinaire chez les enfants arriérés, correspond à l'état fixe des animaux qui gardent leurs dents toute la vie. M. le docteur Foville m'a montré, dans un bocal, la main d'une idiote qu'il faisait macérer ; ce n'était pas, à vrai dire, une main, mais une patte. Les phalanges des doigts, réduites à l'état rudimentaire, étaient pour ainsi dire soudées entre elles : on retrouvait, dans l'adhérence commencée des diverses pièces de la main, les premières traces de ce travail d'emboîtement dont le sabot du cheval nous offre, dans le règne animal, le terme extrême. Les déformations de la main suivent d'assez près sur l'échelle de l'idiotie, ainsi que dans la série des êtres, les déformations du crâne : la main est liée au cerveau comme l'action à l'intelligence. Chez quelques idiots très abaissés, les sens se trouvent plongés dans un état d'inertie qui les ramène vers les conditions du mollusque : incapables de mouvement, ils ne peuvent ni étendre la main pour saisir leur nourriture, ni témoigner leurs besoins. De tels êtres, morts à l'intelligence, aux sentiments, aux impressions du dehors, ne vivent, comme l'huître, que par des appétits obscurs. Cette existence végétative marque, dans la série de l'idiotisme comme dans celle des êtres créés, le degré inférieur de la vie ; c'est le passage de la plante à l'animalité.

De tels rapports avec le règne animal ne se bornent point à quelques traits fugitifs de l'organisme ; ils constituent chez l'idiot une manière d'être. Entraîné vers les mœurs des êtres dégradés dont il reproduit les caractères, il tend à s'assortir avec leur condition, si basse qu'elle soit. On voyait autrefois à Bicêtre des idiots se ruer, comme l'enfant prodigue au milieu des porcs et leur disputer d'immondes débris. Boerhaave en cite un qui avait vécu en Hollande parmi des troupeaux de chèvres sauvages dont il avait contracté les habitudes, les inclinations, et dont il imitait le chevrotement. D'autres ont été trouvés parmi les ours, parmi les loups, ayant perdu même les caractères extérieurs de l'homme, et faisant entendre de sourds grognements.[1] Le penchant qui porte les enfants idiots, dans nos hospices, à imiter divers cris d'animaux, comme le chant du coq, le bêlement de la brebis, le hurlement du chacal, est connu depuis longtemps ; j'ai entendu dans le dortoir de Bicêtre un enfant qui poussait de son lit les accents aigres et funèbres de la chouette. Une idiote de la Salpêtrière, âgée de onze ans, se rapprochait non-seulement de la brebis par le bêlement, mais par les formes de sa tête, par ses mœurs douces, par sa nourriture végétale, enfin par le tégument soyeux et noirâtre qui couvrait son corps d'une sorte de toison. On retrouve chez les idiots jusqu'aux

---

1 A l'autorité de Boerhaave, on peut joindre ici celle de Linnée : ce grand naturaliste fait monter jusqu'à dix le nombre des malheureux idiots trouvés de son temps dans les bois, où ils vivaient à l'état de bêtes sauvages. Il les présente même comme formant une variété de l'espèce humaine. M. le docteur Calmeil rapporte en outre, dans son dernier ouvrage sur la folie, l'histoire de plusieurs de ces êtres défigurés : l'un d'eux habitait dans une fosse avec des loups qui lui laissaient la meilleure part de leur chasse. Loup lui-même, il les suivait à quatre pattes dans toutes leurs excursions.

Alphonse Esquiros

raffinements d'instinct qui caractérisent certaines classes du règne animal. Le flair est quelquefois aussi actif chez un petit nombre d'enfants dégradés que chez le jeune chien. On en voit qui, comme la pie, ont un penchant prononcé à cacher des débris de faïence, de verre et d'autres objets dérobés. L'idiot qui retourne aux instincts, aux inclinations et quelquefois aux formes de l'animal, marque d'autant mieux dans son abrutissement l'intervalle qui sépare chaque temps de la création. Par ces formations rétrospectives, la nature semble avoir en vue de mesurer, comme par des bornes milliaires, les espaces et les haltes de la route qu'elle parcourt pour arriver de l'animal à l'homme.

L'idiotisme reproduit enfin d'une manière stable les états successifs de l'homme avant la naissance ou pendant la première enfance : c'est la troisième série de ses phénomènes. L'action nerveuse, qui est chez nous comme l'élément matériel des idées, avorte ici dans son germe, et avec elle le mouvement, la sensibilité, la vie morale ; nous n'avons plus chez de tels êtres, venus à terme, que des embryons permanents de l'intelligence humaine. Les avortements du principe de nos idées atteignent l'idiot plus ou moins bas sur l'échelle des développements de la vie intra-utérine. Au dernier degré, nous retrouvons chez lui l'immobilité, l'insensibilité du germe au début de ses évolutions, moins un homme formé, en un mot, qu'une matière d'homme. L'idiotisme parcourt ensuite tous les temps de l'embryogénie, et en reproduit moralement les caractères. Les éléments de l'intelligence sont divisés, fractionnés chez l'idiot, comme les éléments de la vie dans le foetus ; chaque fonction tend à s'individualiser ; chaque organe attire successivement à soi un excès d'activité. Le chaos des forces, la lutte des pouvoirs de l'organisation divisés les uns contre les autres, un *moi* multiple, tel est le point de départ de la nature dans la formation de l'homme et le point de retour de l'idiotie. M. Serres, auquel nous devons la découverte de ces belles lois qui président à la formation de nos organismes, a remarqué chez les monstres acéphales une face et des épaules énormes, unies à des rudiments de cerveau. Nous retrouvons dans l'idiotisme la concordance des mêmes phénomènes : la prédominance du système facial et des épaules sur le système encéphalique est d'autant plus caractérisée que nous prenons un cas d'idiotie plus inférieure. Le même observateur éminent a démontré sur l'embryon la dualité primitive des organismes ; il y a dans l'origine la moitié d'un homme à droite et la moitié d'un homme à gauche ; ces deux parties symétriques viennent plus tard se réunir sur la ligne médiane. S'il arrive que ce travail de conjonction des organes s'interrompe avant la naissance, nous aurons un cas de monstruosité physique. Certains phénomènes de l'idiotie rappellent au moral cette dualité embryonnaire des organismes. Un idiot âgé de quarante-huit ans, quand il entra dans l'établissement du docteur Belhomme, éprouvait le besoin des sensations paires : si on le touchait à un bras, il se faisait toucher au bras opposé ; si même il s'était fait mal à une jambe, il se frappait l'autre : un jour une bûche lui tomba sur le pied droit, il saisit la bûche et se la fit tomber sur le pied gauche. Il serait extrêmement curieux de savoir si cette dualité primitive des sensations existe chez l'enfant nouveau-né, et si elle s'efface, dans les cas ordinaires, par le progrès de la vie, tandis qu'elle persiste chez les êtres arrêtés. Nous avons rencontré nous-même, il y a deux mois, une fille de six ans imbécile, chez laquelle le regard se faisait en deux temps : les objets du monde extérieur envoyaient de la sorte à son cerveau une double image, confuse et troublée, qui l'empêchait de rien reconnaître. Les deux yeux agissant, si j'ose ainsi dire, séparément, il fallut d'incroyables efforts pour ramener chez elle les phénomènes de la vision à l'unité.

L'homme n'est point achevé quand il vient au monde ; le travail de formation continue après la naissance ; la nature fait alors passer l'enfant par une nouvelle série d'états transitoires. Dans toute une classe d'idiots, nous retrouvons les caractères de la première enfance. Des savants ont passé leur vie (et certes il en est de plus mal employées) à étudier les développements d'un insecte ; n'a-t-on pas lieu de s'étonner qu'il ne se soit pas encore rencontré un philosophe pour observer à la loupe de l'intelligence les transformations du moral et du physique chez l'homme depuis sa naissance jusqu'à l'âge adulte ? Ces commencements si précieux pour l'histoire de notre espèce et pour la philosophie naturelle ont été jusqu'ici négligés. La première ouverture de l'esprit, l'épanouissement moral du cœur, rendu visible sur la figure de l'enfant par un sourire, l'éclosion de la pensée qui s'essaie dans un bégaiement vague, toutes ces primeurs de l'intelligence et de la vie si intéressantes à recueillir n'ont d'autres

Alphonse Esquiros

témoins que des nourrices mercenaires ou des mères aveuglées par la tendresse. Le coup-d'œil de la science a manqué à des faits si délicats. Sans la connaissance exacte des évolutions du premier âge, on ne peut cependant fixer avec certitude à quelle phase de ces évolutions il faut placer le point d'arrêt de nos facultés, en d'autres termes, les débuts de l'idiotie. Les rapprochements abondent entre l'état d'ignorance, de stupidité naturelle à l'homme qui vient de naître, et l'état des êtres engourdis que nous rencontrons dans nos hospices. L'homme arrive au monde sourd-muet, aveugle, perclus, privé de raison et de sentiment : les progrès de l'âge et de l'éducation consistent à le guérir de ces infirmités originelles : chez l'enfant arrêté, ces progrès avortent. L'estomac, quoique très exigeant, ne sait pas toujours se faire obéir par les membres auxiliaires : il y a des idiots qui mourraient de faim à côté d'une table chargée d'aliments. Un des caractères du premier âge est surtout visible dans la démarche de certains idiots : ces malheureux ne lèvent point les jambes en marchant ; comme les enfants de trois ou quatre ans, ils traînent sous eux leurs pieds et glissent lourdement. Cette marche pesante qui ne quitte point la terre coïncide avec l'abaissement de l'intelligence, dont elle est, dans tous les cas, un signe manifeste ; il y a là un retour vers les êtres qui rampent. Quelques philosophes ont placé le berceau du genre humain dans une forêt ; on peut dire que l'homme naît encore tous les jours au milieu des animaux. L'enfant ne doit en effet sa conservation qu'à des instincts puisés dans la nature inférieure : ce lien qui rapproche l'enfance de l'animalité devait aussi la rapprocher de l'idiotie, qui nous montre plus complète et plus hideuse la victoire de la bête sur l'homme. L'inégalité de volume entre la langue et le palais constitue chez les nouveau-nés un des obstacles à l'émission de la parole humaine. Les idiots, comme les enfants et comme certains animaux, marchent volontiers la langue pendante. Cette habitude tient en partie à ce que le volume de la langue reste plus considérable chez eux que chez les autres hommes. L'enfant a besoin de toute sa gentillesse pour nous faire oublier ces restes d'animalité : l'idiot, au contraire, chez lequel la grâce du premier âge n'existe plus et qui conserve les mêmes traces d'imperfection native, n'est plus pour nous qu'un objet repoussant, un enfant vieux.

Nous avons vu se former dans les infirmités de l'esprit des

DES IDIOTS ET DES TRAVAUX RÉCENTS SUR L'IDIOTIE

couches successives de dégradation. L'être moral s'arrête tantôt sur les conditions de l'échelle animale ou embryologique, tantôt sur les degrés inférieurs des races humaines : dans les deux premiers cas, il y a idiotie ; dans le dernier, imbécillité. Ces trois ordres de faits n'en constituent, après tout, qu'un seul : c'est toujours la main de la nature qui se retire avant d'arriver chez l'homme à terminer son ouvrage. Rudiments de l'espèce, avortons de l'entendement humain, les idiots portent, sur une ou plusieurs facultés abolies, la flétrissure morale du coup qui les a frappés dans la série des développements de l'intelligence. Quelques-uns des faits sur lesquels nous avons établi une division des caractères de l'idiotie existaient déjà dans la science, mais ils n'avaient point été raisonnés. Les affinités de l'idiotie avec l'état d'enfance et avec le règne animal avaient été indiquées en passant par MM. Esquirol, Belhomme, Séguin, par Pinel surtout. Nous croyons que de telles coïncidences physiologiques sont très importantes ; elles constituent les anneaux de cette grande chaîne de déformations par lesquelles la nature limite les degrés de l'entendement ou de l'instinct dans l'ensemble des êtres qui couvrent la surface du globe. L'idiotie n'est donc, dans son étrangeté, que la reproduction d'un fait universel, celui de l'abaissement intellectuel et moral des caractères de la vie, depuis l'homme de la race caucasique, qui tient la tête de l'échelle, jusqu'aux régions les plus basses et les plus muettes de l'animalité.

III. – DES CAUSES, DU SIÈGE ET DES DÉBUTS DE L'IDIOTIE. – DES IDIOTS AU POINT DE VUE LÉGAL.

Il existe deux ordres de causes qui arrêtent chez l'homme le développement des facultés : les unes agissent avant la naissance, les autres suspendent chez l'enfant déjà formé les manifestations morales. De ces causes, les premières sont communes à l'idiotie et à l'imbécillité ; les secondes déterminent l'imbécillité seulement. Il résulte de là deux influences dominantes sur les infirmités de l'esprit. Nous allons d'abord rechercher les circonstances voisines de la conception qui peuvent altérer l'intégrité du germe.

Parmi les causes de l'idiotisme antérieures à la naissance, la médecine doit rechercher uniquement celles qu'il est possible de combattre. Les affections morales de la mère durant l'état de grossesse ne paraissent pas être étrangères aux avortements de l'intelligence chez les nouveau-nés. Une frayeur mortelle, un bouleversement subit des idées, une grande peine de cœur, peuvent réagir par une sympathie mystérieuse sur l'embryon, et troubler dans ses organes l'ouvrage commencé de la nature. A Bicêtre, on a cru reconnaître dans ces derniers temps qu'une assez forte proportion d'enfants idiots ou imbéciles avaient été conçus dans l'ivresse ou dans l'orgie. L'imbécillité étant, comme nous l'avons démontré, un retour vers les premiers âges de la civilisation sur le globe, il faut tenir compte, pour l'expliquer, des circonstances qui précèdent la naissance et qui tendent à ramener l'homme vers la condition des races sauvages ou barbares, comme la misère, la promiscuité des sexes, la vue continuelle de scènes de destruction et de carnage. M. Séguin affirme avoir rencontré parmi ses élèves plus d'un imbécile qui était né au milieu d'une boucherie. On oublie trop souvent aussi qu'il faut à la nature des temps de repos. La loi des jachères existe dans le champ des développements de l'humanité. Les anciens avaient fixé la durée de la lactation de deux à trois ans, pour donner à la puissance génitale chez la femme le temps de se réparer. Nous avons vu deux enfants idiotes dans la même famille qui étaient nées chacune à dix mois d'intervalle après deux fausses couches.

Une autre cause d'idiotisme ou d'imbécillité sur laquelle le moraliste doit fixer toute son attention, c'est l'oubli des lois physiologiques qui doivent présider à l'union des sexes. Il y a sur le globe des races qui sont faites pour s'unir, et d'autres qui, à raison même de leurs caractères homogènes, ne semblent pas faites pour se rechercher ; il en est de même de l'homme et de la femme. La nature, qui veut la force et le perfectionnement de l'espèce, ne ratifie pas toujours les motifs intéressés qui déterminent les familles dans le choix des alliances. La stérilité absolue, ou, qui pis est, la stérilité de l'esprit dans le fruit de la conception, est trop souvent la triste conséquence de ces unions imprudemment contractées. L'absence de croisement est quelquefois aussi funeste que l'union entre des races incompatibles. L'ancienne noblesse s'est affaiblie elle-même en contractant toujours ses alliances dans les mêmes maisons. Quand on enfreint cette loi, qui fait dépendre du mélange des races et des familles le renouvellement et le développement de l'humanité, il en résulte un appauvrissement de la force vitale qui réagit bientôt sur les facultés intellectuelles. La bourgeoisie doit profiter de l'exemple de l'ancienne noblesse, si elle ne veut pas voir avec le temps dépérir les germes de sa puissance ; le désir d'empêcher la division des grandes fortunes, comme autrefois celui de perpétuer l'éclat des titres, oppose maintenant au libre mélange du sang, dans la classe moyenne, des obstacles que la nature n'approuve pas, et dont elle se venge par l'abâtardissement de la race.

La plupart de ces causes antérieures à la naissance agissent pour produire l'idiotie sur l'organe de nos idées, sur le cerveau. Le docteur Gall avait rattaché l'idiotie à un état particulier d'étroitesse et d'évidement du crâne. Cette vue est exacte en ce qui regarde les idiots très abaissés. Gall eut seulement le tort d'en forcer les conséquences pratiques. Son habile contradicteur, M. Lélut, montra que le volume du cerveau n'est pas la seule condition du développement de l'intelligence. Il faut que les écarts soient portés à l'excès dans la forme et le volume de cet organe pour qu'on puisse, sur la simple vue de la boîte osseuse, conclure à l'idiotisme. Nous avons bien rencontré dans les hospices et ailleurs de ces malheureux qui portent sur la tête, comme dit le docteur Voisin, le stigmate de leur dégradation. Il en est d'autres, au contraire, chez lesquels, quoique le cerveau soit intérieurement malade, la forme extérieure du crâne n'est point visiblement altérée. S'ensuit-il que l'étude du cerveau et de ses enveloppes n'ait rien à nous apprendre sur cause des états pathologiques de l'intelligence ? Je ne le crois pas. L'erreur de quelques phrénologistes a été seulement de déclarer l'indépendance du cerveau : il y a ici plus d'une influence à démêler. Le cerveau est, sans aucun doute, le roi de l'organisation, mais c'est (qu'on nous passe le mot) un roi constitutionnel ; il rencontre dans les autres grands systèmes de la vie animale ou végétative des pouvoirs secondaires qui limitent ou modifient à chaque instant son autorité.

Après les causes antérieures à la naissance viennent les causes qui agissent sur l'enfant une fois né ; ces causes rentrent presque toutes dans l'éducation. Les mauvais traitements, les privations de nourriture, les habitations malsaines et humides, deviennent assez souvent, dans les classes pauvres, des causes d'imbécillité.

Alphonse Esquiros

L'accouchement négligé ou confié aux mains inhabiles des sages-femmes, la mauvaise direction des premiers soins donnés à l'enfant qui vient de naître, peuvent également détériorer le germe, alors si tendre, de l'intelligence. Les défectuosités de la tête ne sont pas toujours l'ouvrage de la nature, quelques pratiques extérieures arrêtent, dans la première enfance, le développement du crâne ; au lieu des idioties formées dans le sein de la mère, nous avons alors quelquefois des idioties acquises. Les races barbares, qui tiennent presque toutes à perpétuer les caractères de leur infériorité, font subir aux nouveau-nés un aplatissement systématique du front. M. Foville a rencontré, dans plusieurs provinces de France, l'usage, sans doute fort ancien, de coiffures artificielles qui déforment l'organe de la pensée. Ce savant observateur rapporte la cause de ces altérations aux bandes fixées par les nourrices sur la circonférence de la tête des nouveau-nés, et dont l'effet lent est d'exercer autour de ces parties encore molles une construction souvent ineffaçable. Les enfants frappés de semblables mutilations sont en général plus disposés que d'autres à l'aliénation mentale et à l'imbécillité.[1] Il ne faudrait pas néanmoins conclure de ces faits que l'imbécillité fût toujours la suite d'une compression mécanique de la tête : il existe dans l'organe même une force de renversement qui trouble et détruit, à un certain âge, surtout en l'absence d'une éducation bien appropriée à l'enfant, l'action plus ou moins libre de la pensée.

M. Serres nous paraît être celui qui a le mieux étudié les conditions organiques au milieu desquelles se forme cette idiotie tardive. Un enfant naît avec un éclat d'esprit et de mémoire qui fait bien espérer de son avenir ; il a du succès dans ses études ; à peine si un observateur très exercé distinguerait en lui le point noir, précurseur de l'orage qui doit traverser un peu plus tard ces heureux commencements. Arrivé, à un certain âge, tout ce brillant des facultés s'éclipse, et l'adolescent tombe alors dans une sorte d'engourdissement moral. À l'époque où l'imbécillité se manifeste, non-seulement le crâne s'immobilise dans sa forme et dans son volume, mais encore, selon M. Serres, le front se déjette quelquefois en arrière. Ce fait

---

1 Une autre remarque singulière a été faite par M. Foville : l'oreille externe se montre, chez l'homme, solidaire des déformations du crâne. Nous avons répété cette observation sur un assez grand nombre d'imbéciles, et nous l'avons presque toujours rencontrée juste, quoiqu'il soit assez difficile d'expliquer les raisons d'une telle coïncidence.

DES IDIOTS ET DES TRAVAUX RÉCENTS SUR L'IDIOTIE

extraordinaire n'est pas exclusivement lié à l'idiotie tardive ; on le rencontre dans les races abaissées. Les enfants du peuple américain, disent Ulloa et Zarate dans leurs écrits sur le Nouveau-Monde, donnent quelque lueur d'intelligence jusqu'à l'âge de seize ou dix-sept ans : ils apprennent dans cet intervalle à lire et à écrire, ils font même naître des espérances plus flatteuses ; mais, à la vingtième année, la stupidité se développe tout d'un coup : au lieu d'avancer, ils reculent et oublient tellement ce qui ils avaient appris, qu'on est contraint de renoncer à leur éducation. Cette invasion tardive de l'idiotie est accompagnée dans la race américaine, comme chez quelques individus de la race blanche, *d'un mouvement de bascule* (l'expression appartient à M. Serres), qui rejette tout le crâne en arrière et qui efface ainsi les caractères de la dignité humaine. Si nous descendons vers le règne animal, nous retrouvons encore la concordance des mêmes phénomènes moraux. Les singes naissent avec une somme à peu près égale d'instinct dans toutes les familles, mais les uns s'arrêtent après le premier âge et rétrogradent vers des conditions fixes de déchéance, tandis que les autres demeurent dans leur état de supériorité. On pourrait donc dire que les limites qui séparent les genres en histoire naturelle et qui constituent les divers degrés d'instincts se fixent par le mouvement de l'âge. L'imbécillité, considérée comme un degré inférieur dans la série des développements de notre intelligence, rentre ainsi dans l'ordre général des choses : ce qui nous échappe, c'est la raison du fait. On se demande comment le doigt de Dieu s'étend tout à coup sur la tête de l'homme dans sa croissance, et la remplit d'ombre en lui disant : « Tu n'iras pas plus loin (*non ibis amplius*). »

L'étude des circonstances au milieu desquelles se forme l'imbécillité fait naître une question pratique : existe-t-il des moyens d'hygiène morale pour empêcher ce renversement du cerveau et des facultés intellectuelles ? Nous rentrons encore ici dans les influences de l'éducation. En appuyant l'esprit de l'adolescent sur des réalités, en cultivant chez lui des aptitudes solides, comme le jugement et la réflexion, on arriverait à lui créer des points de défense contre les attaques tardives de l'idiotie. L'éducation actuelle, loin d'opposer une barrière aux progrès soudains de l'imbécillité, les favorise au contraire par l'exercice immodéré qu'elle impose à la mémoire, à l'instinct d'imitation et à d'autres facultés plus brillantes. Telle jeune

Alphonse Esquiros

fille récite admirablement des fables, témoigne même une sorte de talent mécanique pour le dessin, touche avec agrément du piano en s'accompagnant de la voix, qui couve en elle les germes d'une imbécillité imminente. Il existe nombre d'enfants regardés par les familles comme des prodiges, que la nature avait simplement pourvus d'une facilité superficielle, et que l'éducation ordinaire rend imbéciles, en cultivant outre mesure, et au détriment de la raison, ces dons précoces qui deviennent bientôt, chez les filles surtout, les ornements prétentieux de la vanité. L'orgueil ou la complaisance des familles ne tarde guère à être cruellement châtié par le sommeil profond, opiniâtre, éternel, qui suit, dans un âge plus avancé, cet éveil factice des grâces de l'esprit. Il en est des facultés trop hâtives comme des branches qui montrent trop tôt des fleurs : elles ne tiennent pas toujours leurs promesses. L'influence de l'éducation éclate surtout dans ces faits odieux que les chroniques judiciaires révèlent trop souvent à l'indignation publique. Nous voulons parler de ces enfants séquestrés dès leur naissance par une mère indigne de ce nom ; enfouis dans l'obscurité, privés de tous les moyens d'acquérir des connaissances, de tels êtres ne sont pas des hommes. La perversité des parents a créé en eux une imbécillité artificielle. L'existence de ces Gaspard Hauser deviendra, il faut l'espérer, de plus en plus rare ; à mesure que la civilisation et les lumières morales se répandent, le sentiment maternel tend à s'élever, à s'épurer dans toutes les classes. La science peut du moins tirer de ces faits contre nature une conclusion utile : le traitement moral auquel un enfant est soumis pendant les premières années peut aviver ou éteindre chez lui le principe même de l'intelligence.

Rechercher les influences qui déterminent dans la civilisation actuelle l'existence des idiots ou celle des imbéciles, c'est être sur la voie pour juger les mesures qui pourraient amener le décroissement de cette population dégradée, et pour tracer le devoir de la société vis-à-vis de malheureux qui encourent trop souvent les rigueurs de la loi pour des actes où la volonté n'intervient pas. Notre attention doit se porter d'abord sur une mesure récente de l'administration des hospices. Depuis plusieurs années, la population augmente, la somme des secours attribués aux infirmes et aux malades de la classe pauvre reste stationnaire : il résulte de cet état de choses une disproportion entre la masse des besoins et les limites actuelles des établissements destinés à les satisfaire. La situation est embarrassante sans doute. Que fait l'administration des hospices de Paris pour en sortir ? Elle traite avec les établissements de province, et, moyennant un prix convenu, leur envoie le superflu de ses malades. Cette mesure nous paraît grosse d'inconvénients et de dangers ; elle a été jugée telle par l'élite du corps médical, qui l'a sourdement combattue. A ne juger ici cette décision qu'en ce qui touche les idiots, nous dirons qu'elle est défavorable à ces malheureux et dangereuse pour la société. Les imbéciles que l'administration envoie en pension chez des fermiers iront reproduire dans les campagnes les caractères de leur triste état ; c'est un levain d'infirmité morale qu'on verse dans la population agricole. Ceux qui connaissent les mœurs des imbéciles n'osent même pas songer à toutes les suites de cette mesure inhumaine. Les pauvres filles de la Salpêtrière, plus faciles que d'autres à la séduction, faute de lumières et de savoir-vivre, ont besoin d'une surveillance continuelle qui leur manquera certainement hors de l'hospice. L'administration devrait au contraire tourner sa sollicitude vers les provinces de France où l'idiotisme et l'imbécillité sont, pour ainsi dire, endémiques. L'action du mariage sur la durée et la propagation des infirmités de l'esprit, dans les localités où se rencontrent des germes altérés, ne saurait être raisonnablement mise en doute. Fodéré croit qu'un premier goitreux a donné naissance à cette population de goîtreux et de crétins qui occupent toutes les vallées étroites situées sous la chaîne des Alpes. C'est à empêcher de telles alliances que devrait tendre, dans certaines localités, la prévoyance de l'administration. L'intérêt public exige même qu'au lieu de faire refluer sur les provinces les imbéciles et les idiots de nos hospices, Paris les attire et les concentre dans des établissements charitables pour en éteindre la race. Ce serait un premier moyen de combattre, parmi les causes de cette infirmité morale, celles qui agissent sur la conception. Les notions de l'hygiène publique, en se répandant même dans les populations rurales, concourront encore à déterminer cet heureux résultat.

Des mesures qui peuvent combattre les causes physiques de l'idiotie, il faut passer à celles qui peuvent lutter contre les influences morales. Les progrès de la civilisation exercent-ils une action sur l'état intellectuel des enfants nouveau-nés ? Le nombre

Alphonse Esquiros

des idiots tend-il à diminuer ou à s'accroître ? La statistique positive de l'idiotie est encore trop dans l'enfance pour qu'on puisse répondre à cette question par des chiffres ; il faut donc le faire par des raisonnements. La seule observation que nous ayons pu recueillir est celle-ci : l'idiotie habite les deux extrémités de l'échelle sociale : elle frappe surtout les classes qui sortent de l'état d'enfance et celles qui y rentrent, le peuple et l'aristocratie. Ce fait doit nous mettre sur la trace d'une grande loi de philosophie naturelle : la matière humaine est perfectible ; les caractères naturels ou acquis de la supériorité de race s'élaborent sous l'action du temps et des circonstances extérieures. Il en résulte que les infirmités humaines participent au mouvement de chaque siècle ; elles en reçoivent une influence qui les modifie en plus ou en moins. L'idiotie échapperait-elle seule à cette action du progrès sur les organismes de la vie et sur les maladies morales ? Nous ne le croyons pas. Chaque jour, les inégalités de l'intelligence tendent, dans l'ordre civil, non à disparaître (ce qui serait un mal), mais à s'atténuer. Il se passe sous nos yeux, pour les richesses morales, un fait analogue à celui de la division de la propriété dans l'économie politique. Ajoutez à cela l'influence de l'enseignement sur les masses : les esprits ordinaires s'égalisent jusqu'à un certain point dans l'éducation publique ; cette répartition plus uniforme des connaissances vient en aide à la nature pour accélérer le progrès organique de l'espèce humaine. Il est donc permis de croire que, les dons de la civilisation étant, dans de certaines limites, héréditaires, les cas d'idiotie, qui sont des défaillances de la nature dans la série de ses productions intellectuelles et morales, deviendront probablement plus rares, quand la masse sera plus éclairée par l'éducation.

Les progrès de l'éducation doivent assurer, du moins en partie, le triomphe des influences morales sur les causes de plus en plus restreintes de l'idiotisme. En attendant ces résultats, que le moraliste entrevoit et que le législateur devrait préparer, n'y a-t-il pas quelque chose à faire pour améliorer dans la société le sort d'une race d'hommes déclassés qui viennent trop souvent grossir la population des bagnes et des prisons ? Ne pourrait-on pas prévenir, dans certains cas, des fautes, des crimes mêmes dont les auteurs sont coupables devant la loi, mais dont ils sont quelquefois innocents devant la science ? La question légale que soulève l'imbécillité mérite de fixer ici notre attention. Il se rencontre des sujets chez lesquels le germe du crétinisme existe sans éclater. Ces êtres médiocres arrivent même quelquefois à faire illusion sur leur infériorité réelle par le vernis des connaissances et des dehors. Les faveurs de la fortune concourent alors avec l'éducation à masquer les imperfections de l'intelligence. Dans les familles riches, on voit beaucoup de ces imbéciles instruits. L'opinion, toujours favorable dans le monde aux positions faites, contrebalance autour d'eux les disgrâces de la nature. Il n'en est pas de même quand ces *demi-hommes* (c'est ainsi que les nommait le docteur Gall) ont pris naissance dans la classe pauvre. Loin de les soutenir, le monde extérieur les accable. M. Lélut nous a montré à la Salpêtrière des filles imbéciles qui arrivent, par les soins qu'on leur donne, à lire, à coudre, à se rendre utiles dans la maison que leur manque-t-il donc pour se rattacher entièrement à la société ? Il ne leur manque en vérité presque rien, *un je ne sais quoi*, dirait Pascal ; mais ce presque rien, si peu de chose qu'on ne saurait l'évaluer au juste, leur étant retiré, ces pauvres filles retombent tout de suite dans le monde à l'état d'impuissance et d'isolement ; elles mourraient inévitablement de faim, si la charité publique ne venait aussitôt à leur secours. Un peu moins de volonté, un peu moins d'intelligence que les autres hommes, en voilà assez pour rendre un être incapable de gagner sa vie, et pour lui enlever dans certains cas la libre détermination de ses actes. L'imbécillité affecte, comme on voit, plus d'une forme et plus d'un degré. La vie est un combat, a dit Beaumarchais les pauvres d'esprit, les faibles, les imprévoyants, les inhabiles, composent dans cette lutte journalière le parti des vaincus. Par le temps de concurrence qui règne, certaines femmes qui mendient, qui volent, ou qui vivent du déshonneur, n'ont pas trouvé dans leur nature la somme de moyens ni de volonté suffisante pour réagir autour d'elles sur les circonstances. Moralement faibles, elles succombent à la fatalité des entraînements coupables.

On rencontre sur la limite flottante de l'imbécillité un nombre beaucoup trop considérable de ces créatures douteuses, pas assez intelligentes pour vivre honorablement dans le monde, pas assez fortes de volonté pour éloigner les suggestions du mal ; tout leur

Alphonse Esquiros

a manqué, même le degré d'abaissement nécessaire qui émeut les entrailles de la charité publique. Ces pauvres êtres chez lesquels le sens moral est en souffrance, trouvant la porte des hospices fermée devant leur infirmité incomplète, tombent trop souvent sous la main de la justice. S'ils étaient riches, ils rencontreraient peut-être dans la satisfaction prompte et facile de leurs besoins, dans les appuis de tout genre qui les entoureraient, un contrepoids à cette débilité de la conscience qui seule explique leurs écarts. Encore avons-nous vu le contraire dans une affaire criminelle, où le jury, par une application, malheureuse cette fois, du principe d'égalité, a frappé d'une peine infamante un jeune prince imbécile. Pauvres, ces hommes incomplets sont encore bien plus exposés à commettre, faute de discernement, des crimes involontaires, que la justice ne distingue pas toujours des actions libres, les seules qui devraient entraîner avec elles la responsabilité.

M. Voisin assistait en 1828 au départ de la chaîne des forçats. On venait d'opérer le ferrement de ces misérables, quand il aperçoit dans un groupe un jeune homme de vingt-deux ans condamné pour viol. Habitué par ses observations journalières à reconnaître les traits extérieurs de l'idiotisme, il soupçonna dans le galérien un de ces êtres infirmes et disgraciés chez lesquels la liberté morale n'existe pas. Il s'avance, il interroge les camarades de l'infortuné ; les doutes du médecin se confirment : il avait bien un imbécile sous les yeux. Si la faiblesse de ses facultés intellectuelles ôtait à ce malheureux le sentiment de son humiliation, il n'en restait pas moins couvert d'une tache qui s'étendait à sa famille. Un si triste spectacle émut le cœur du docteur Voisin, qui dénonça plus tard le fait à l'Académie de Médecine. « Il y a, s'écriait-il devant cette assemblée, il y a des idiots dans nos bagnes et dans nos maisons centrales de détention. Je demande qu'on rende l'honneur à leurs pères, à leurs mères ; je demande à aller les chercher, à les amener dans cette enceinte, à les livrer à vos lumières et à vos sentiments généreux, à les arracher du poteau de l'infamie et à les placer dans l'hospice dont j'ai l'honneur d'être le médecin en chef : j'y prendrai soin de leur misère. » Il y aurait quelque chose de mieux encore, ce serait d'atteindre ces malheureux avant leur chute, d'épargner à la société, à eux-mêmes, la liberté de mal faire. Nous entrerions, il est vrai, dans un système préventif qui a ses dangers. On accuserait peut-être l'administration de violer, dans plus d'un cas, la liberté individuelle et le secret des familles. Aussi n'indiquons-nous cette voie que comme un moyen éloigné et délicat d'arriver à réagir un jour sur les entraînements funestes d'une demi-imbécillité.

L'étude des causes et des formes de l'idiotie, la marche de cette infirmité décroissante, la revue des travaux plus ou moins heureux qui ont été entrepris jusqu'à ce jour, tout nous amène à une conclusion rassurante, tout nous dit : L'idiot est un être capable d'éducation. La médecine philosophique doit ouvrir et tracer la voie à cette éducation spéciale. En attendant que des expériences plus concluantes aient permis d'adopter à cet égard un système définitif, que faut-il faire dans les hospices et hors des hospices pour améliorer, dans l'état actuel des choses, le sort des faibles d'esprit ? Nous croyons qu'on doit suivre l'exemple donné dans ces derniers temps par l'hospice de Bicêtre. Il existe dans cette maison une école où tous les enfants plus ou moins disgraciés par la nature viennent réparer le vice originel de leurs organes. Il est à désirer que cette fondation s'étende aux autres établissements charitables. Nous demandons qu'on fasse lever le soleil de l'éducation pour ces pauvres intelligences qui se traînent lamentablement dans les ténèbres de la mort.

Le traitement moral de l'idiotie, avons-nous dit, est encore à créer. Il existe toutefois dans les méthodes inventées depuis Itard, dans les découvertes de la science médicale unies à une analyse raisonnée des facultés de l'entendement humain, les éléments d'une théorie nouvelle de l'éducation pour les idiots et pour les imbéciles. L'enseignement des idiots ne doit point être un enseignement ordinaire. L'expérience a démontré que ces êtres inférieurs se montrent indifférents aux méthodes qui ne reposent point sur une base physiologique. La gloire d'Itard est d'avoir compris la nécessité d'une éducation proportionnée aux moyens de l'élève. Si la méthode est demeurée jusqu'à ce jour vague et indécise, c'est qu'on n'avait pas classé encore les différents caractères de cette infirmité. La connaissance des degrés de l'idiotisme, la comparaison de ces divers degrés avec l'état de l'homme sauvage, avec le règne animal et avec la succession des faits embryologiques, sont essentielles ; elles nous donnent la base du traitement qui doit être suivi dans l'éducation des imbéciles et des idiots. — Vis-à-vis des imbéciles,

Alphonse Esquiros

l'éducation doit être une civilisation, un retour à la vie sociale : un bon système d'enseignement suppose, sous ce rapport, un bon système de philosophie de l'histoire. — Dans le cas où l'idiot occupe un des rangs inférieurs de la série animale, l'éducation doit lui faire remonter les degrés de cette échelle qui se rapprochent le plus de l'homme. — Enfin, dans tous les cas de formation incomplète, il faut qu'une force étrangère reprenne en sous-œuvre le travail interrompu de la nature. Le traitement doit reculer alors jusqu'au point d'arrêt de l'idiotie, et continuer l'ouvrage du Créateur, en remaniant, pour ainsi dire, tous les organes. Cette théorie de l'enseignement s'appuie sur les caractères naturels de l'infirmité ; elle nous semble être la seule qui puisse conduire à des résultats précis, la seule qui réponde aux progrès et aux exigences nouvelles de la science.

Hors des hospices, la tâche du législateur est plus compliquée. Quelle conduite tenir envers ces demi-imbéciles qui menacent la société et eux-mêmes sans le savoir ? Peut-être conviendrait-il d'organiser à l'égard de ces imbécillités tolérables un système de patronage, pour les surveiller et les soutenir. Dans les cas de chute, l'humanité nous conseille de convertir pour ces infirmes de la conscience la prison en hospice, le châtiment en un régime d'hygiène morale. L'administration doit, de son côté, retirer de la population des germes d'affaiblissement intellectuel qui tendent à se propager. Cherchons à éteindre doucement, à l'ombre de nos établissements publics, la race des idiots et des imbéciles, en attendant que nous arrivions à la perfectionner. Un moyen d'arrêter ou d'atténuer du moins dans l'avenir les causes du mal, c'est le développement de l'éducation primaire dans les campagnes de France. Plus la moyenne des connaissances s'élève chez un peuple, et moins la nature retourne en arrière vers les conditions abrutissantes de la barbarie ou de l'animalité. Ne tuons pas les enfants idiots comme faisaient les anciens, comme font encore les habitants de la Chine ; empêchons-les de naître en dissipant les ténèbres de l'ignorance au sein desquels couve l'idiotie. Ce moyen civilisateur ne saurait d'ailleurs embrasser à lui seul toute la question ; il y a et il y aura sans doute toujours des pauvres d'esprit, des êtres maltraités par la naissance, auxquels il sera interdit de participer aux progrès de la civilisation. Le but qu'on peut espérer d'atteindre vis-à-vis de ceux-là est de les rendre de jour en jour moins pénibles à la société, à leur famille, à eux-mêmes. Élever et consoler, cette œuvre est grande. Tirer l'être moral du néant, c'est le but que Dieu même s'est proposé au commencement du monde quand il s'est dit : « Faisons l'homme ! »

ISBN : 978-1542775328

Alphonse Esquiros